得心应手
做好班主任

提升带班能力的
40 个
有效策略

钟杰 著

济南出版社

图书在版编目（CIP）数据

得心应手做好班主任：提升带班能力的 40 个有效策略 / 钟杰著. —— 济南：济南出版社，2024.6.
ISBN 978-7-5488-6518-6

Ⅰ.G451.6

中国国家版本馆 CIP 数据核字第 2024BA6225 号

得心应手做好班主任：提升带班能力的 40 个有效策略
DEXINYINGSHOU ZUOHAO BANZHUREN:TISHENG DAIBANNENGLI DE SISHIGE YOUXIAOCELYUE
钟　杰　著

出 版 人	谢金岭
图书策划	史　晓
责任编辑	刁彦如　杨中牧
封面设计	李　一

出版发行	济南出版社
地　　址	山东省济南市二环南路 1 号（250002）
总 编 室	0531-86131715
印　　刷	济南继东彩艺印刷有限公司
版　　次	2024 年 6 月第 1 版
印　　次	2024 年 6 月第 1 次印刷
开　　本	170 mm×240 mm　16 开
印　　张	15.75
字　　数	160 千字
书　　号	ISBN 978-7-5488-6518-6
定　　价	59.80 元

如有印装质量问题　请与出版社出版部联系调换
电话：0531-86131736

版权所有　盗版必究

序 言

近年来，有学校领导向我吐槽，说现在很多年轻教师都不喜欢做班主任。有些年轻教师就算接手了班主任这个工作，做起来效果也不尽如人意。也有很多年轻教师向我吐槽，说班主任实在是太难做了，许多工作与教育教学关联不大，可又不得不做，既耗费大量的时间，又不能提升专业能力。

我承认，这些年班主任工作的外延在不断扩大，所要承担的责任也越来越多，班主任的确越来越难当，但也不是完全做不好。我从入职之初就一直当班主任，当了30多年班主任，仍然在这个岗位上干得津津有味。

为什么呢？因为我有解决问题的方法和策略，这就使得我在做这份工作的时候特别自信、从容，有掌控感。

我一直秉持这样的观点：不论是年轻班主任，还是资深班主任，你得先有解决问题的方法，再谈理论的提升，也就是先有术，再悟道。在真实的工作情境中，你的理论再高深、宏大，如果不能落地解决实际问题，就都是空谈。

鉴于此，我为一线班主任写了一本能有效解决问题的新书，书名是《得心应手做好班主任——提升带班能力的40个有效策略》。这些策略都是我在一线带班过程中摸索出来的"术"，亲测有效。

本书共分五辑，分别围绕班主任的成长力、管理力、教育力、人际力、推动力五个方面进行阐述，旨在让班主任成长有方向，做事有方法，事后有效果。

第一辑，提升班主任的成长力。意在告诉班主任，不断进行自我成长，才是解决问题的王道。很多时候，班主任不能解决工作当中的问题，不是这个问题无解，而是存在认知有局限、专业有欠缺、对人性的洞察不深刻等问题。这些问题直接导致班主任面对问题时束手无策。由此可知，一线班主任提升自身的成长力有多么重要。

第二辑，提升班主任的管理力。班主任不仅是教育者，还是管理者。任凭班主任专业知识再精深，口头表达能力再卓绝，如果班级是无序的，课堂是混乱的，教育教学的效果都会大打折扣。因此，班主任要从课堂管理、课间管理、集会管理、人际关系管理等方面，全方位提升自己的管理能力。先管后理，先严后松，是有效教育的基本"战术"。

第三辑，提升班主任的教育力。有不少班主任工作特别认真，特别敬业，甚至累得身体健康状况堪忧，忙得连自家的孩子都顾不上，但是所带班级的班风、学风要么浮躁，要么颓靡。为什么呢？这都是教育力太低所致。班主任的教育智慧没有形成，教育敏感度基本没有，根本抓不住教育的契机。读完这一辑，我相信对一线班主任提升教育力会有些帮助。

第四辑，提升班主任的人际力。很多班主任在学科教学和班级管理方面下了不少功夫，努力的方向当然没有问题，但如果只埋头做这两件事，班主任在专业发展的道路上是走不远的。我在很多场合都说过："只搞关系，走不远；只搞业务，走不动。"我为什么要这么说呢？因为教育这个事业不是靠单打独斗就能完成的。它需要班主任与同事建立健康的互助型关系，进而获得同事的支持与理解；还需要与家长建立健康的教育合伙人关系，进而获得家长的认可与配合。这一辑内容我从班主任如何与领导、科任老师、家长建立健康的关系说起，旨在提升一线班主任的人际力。

第五辑，提升班主任的推动力。班主任不仅是教育者、管理者，还应该是学生成长的重要推手。科任老师督促不到位，班主任有没有必要利用课余时间去督促学生学习呢？我认为有必要。学生在假装学习，班主任有没有必要去改变学生的这种学习状态呢？我认为有必要。班上学生学习存在两极分化现象，班主任有没有必要采取一些干预措施，以缩小学生学业成绩两极分化的差距呢？我认为有必要。学生正在复习备考，班主任有没有必要帮助学生进行复习规划，以及指导他们高效复习呢？我认为非常有必要！这一辑，我想要达到的目的，就是帮助班主任成为一名优秀的教育推手。

受篇幅所限，这本书涵盖的内容是有限的，但一线班主任若能结合自身的成长需求，认真阅读每一篇文章，并将其转化为自己的教育策略和理念，就一定能从书中获得一些帮助。

我自己也是从一个懵懂无知的青年班主任干起，先是苦干、硬干，加蛮干，虽然干得很用心，但我只能用"苦、累、忙、烦"这四个字来描述我当时的工作状态。后来，我立志成为一名专业的班主任，要用"快乐、幸福、成就感、价值感"来描述我的职业生命。于是，我围绕"成长力、管理力、教育力、人际力、推动力"这五个核心来成长，很快就成长为一名得心应手的班主任。虽然我已经在班主任这个岗位上干了30多年，但我依然眼里有光，心中有爱，手上有活儿，脚下有力。

在此，我真诚祝愿每一位读过此书的班主任老师，都能成长为一名得心应手的班主任，找到职业的幸福感。

是为序！

钟 杰

2024年5月于深圳

目录

第一辑　提升班主任的成长力

1. 年轻班主任如何才能从身心疲惫的状态中抽离出来？／3
2. 班主任身兼数职如何分清工作主次？／8
3. 起始班级的班主任忙碌无头绪怎么办？／15
4. 认真负责的班主任为什么所带班级成绩越来越差？／21
5. 遇到软硬不吃的青春期男生该怎么办？／27
6. 班主任如何规避青春期女生的反感？／30
7. "双减"后，如何把家长拉进"教育的阵营"里？／34
8. 班主任如何轻松切换多重角色？／39
9. 班主任的教育敏感度从哪里来？／45
10. 如何成为有研究力的班主任？／51

第二辑　提升班主任的管理力

11　班主任如何应对学校管理中的扣分策略？／59

12　学生吸烟，班主任怎样处理才妥当？／64

13　班干部不给力，甚至辞职怎么办？／70

14　学生小动作频繁且屡教不改怎么办？／76

15　班主任尽力了，但学生就是不听怎么办？／81

16　优秀学生经常违反纪律，班主任该怎么办？／86

17　班主任怎样才能帮助学生改正说话怼人的习惯？／91

18　学生上课不喜欢回答问题，班主任该怎么办？／97

19　学生打架，班主任怎样处理双方才服气？／103

第三辑　提升班主任的教育力

20　新时代班主任德育工作的重心及核心在哪里？／111

21　遇到情绪不稳定、性格较冲动的学生，班主任该怎么引导？／119

22　学生在非统考科目课堂上纪律不好怎么办？／125

23　临近期末，班主任如何稳定班级"军心"？／131

24　学生遭遇网络欺凌，班主任该怎么处理？／139

25　学生说话阴阳怪气，班主任要怎么引导？／145

26　学生考试后情绪很崩溃，班主任怎么做才能帮他们重树信心？／149

27　班里出现泄密风波，班主任该如何控制舆情并保护受害学生？／155

28　早恋越来越低龄化，班主任该如何应对和疏导？／160

29　学生早恋分手后出现偏激行为，班主任该怎么应对和疏导？／165

第四辑　提升班主任的人际力

30　年级组长工作越界，班主任该如何有效沟通？／171

31　科任老师说话刻薄，班主任该如何应对？／176

32　遇到不讲道理的家长，班主任该如何与其过招？／179

33　配班老师管不住自己的课堂，班主任要不要伸手管？／184

34　语文老师布置的作业特别多，班主任怎么办？／188

35　如何家访才能达成家校共育的目的？／192

第五辑　提升班主任的推动力

36　班主任有必要利用课余时间督促学生学习其他科目吗？／203

37　如何改变学生假学习的现状？／208

38　如何通过预防来缩小学生学业成绩两极分化的差距？／213

39　班主任如何做好期末复习总规划？／222

40　如何提高学生的期末复习效率？／234

第一辑　提升班主任的成长力

1. 年轻班主任如何才能从身心疲惫的状态中抽离出来？

@钟老师：我是康康老师，是一名小学新手班主任，今年中途接了一个五年级班级。这个班级的学生纪律特别差，我每天都要处理打架、告状等琐事。同时我还教了两门课，每天都要备课到深夜，每天的睡眠时间不到5个小时。我该怎么做，才能从这种身心疲惫的状态中抽离出来，像您一样，做一个快乐的班主任呢？

不得不承认，现阶段，我的确是一名快乐且有成就感的班主任。但我初为人师时，是一个又苦又累，还不招学生喜爱的班主任。其实，每一个说自己幸福快乐的班主任，都是从辛苦与忙碌、迷茫与痛苦中走过来的。也就是说，我的快乐来自时间的沉淀、经验的累积、历经失败却始终没放弃的坚持、不断突破自我极限的勇敢、历经岁月洗涤之后的豁达通透……这一切的叠加，再加上机遇和时运，才造就了现在的我。

从我个人的成长历程来看，我认为在年轻时多吃苦、多受累，对自身的成长和发展有极大帮助。因为唯有尝遍个中滋味，才会通透豁达，才知道自己想要什么，才能克服职业倦怠，才能永葆生命的激情。

吃什么苦？吃精神迷茫、经验欠缺之苦。初入职的教师，尤其是初当班主任的教师，的确意气风发，干劲十足，脑子里有很多"我想要"。但实际情况是，工作量大，付出与收入不成正比。我刚入职时，虽然被分配到人烟稀少的穷乡僻壤，但我仍然激情满怀，想凭借自己的满腔热血去改变这个地方。可到第一次领工资时，我的激情消退了一大半。我的月薪是 69.5 元，因地方财政困难，实际到手的只有 35 元，而我这一个月在食堂挂账的生活费则是 42 元，辛辛苦苦干了一个月，我还得自己掏 7 块钱还账。我只好开口向父母求助，父母虽然帮我还清了债务，但也对我的职业前途产生了怀疑。

现实有些残酷，我对未来感到很迷茫。这样的日子何时是个头，我也不清楚。由于当初我是被动选择了教师这个职业，所以我对教师这个职业有一些抵触，总想着改行，但又不知道自己能干什么，加上缺乏精神上的引领，不知道该如何与自己和解。就这样，我迷茫了很长时间。四周一片漆黑，我却想从中找到一丝微光，可始终徒劳无功。这种寻而不得的苦闷，把我折磨得没有一丝激情。幸好后来我及时醒悟过来，对自己的未来做了清晰的规划，才摆脱了毫无头绪的迷茫状态。

初入职时，我体力充沛，精力旺盛，学习能力强，但奈何经验欠缺，经常被学生之间发生的突发事件搞得手足无措，上公开课时被老教师批得体无完肤。这种在大庭广众之下被否定的尴尬与无助，想必很多教师都经历过。然而，这种挫折经历了，就淡然了；这份苦吃过了，就成长了。

我经常想，现在我是一个幸福、快乐的班主任，或许跟我早期吃了很多苦有关。只有吃过苦，才知苦滋味，才会珍惜生命中的各种甜。康康老师说，她中途接手了五年级的一个班级，还是一个纪律很差的班级，同时，她还教两门课，每天备课到深夜。对于她的这份苦，同为班主任的我感同身受。但康康老师如果能把这份苦吃下去，就一定会苦尽甘来。

那么，根据康康老师目前的状况来看，需要从哪些方面来破局呢？

第一，摆正心态，也就是我前面说的，心甘情愿地吃苦。初入职场的教师，作为一个新手，没有实践经验，也没有良好的口碑，必须要靠拼时间和拼体力来破解这个困局。班级纪律差、学生问题多，班主任确实会耗费大量的时间和精力，甚至还会陷入巨大的精神内耗之中。但同时，往好的方面看，这也是班主任破茧成蝶的最佳时机。我刚到深圳时，学校让我去教一个高一艺术重组班级——由全年级音乐生和美术生组成。刚开始，我心中暗自叫苦：怎么碰到这么个苦差事啊？首先，这个班的学生分别来自6个班级，大多成绩很差，个性很独特。其次，他们的学习态度也有问题，他们认为只要艺术成绩好就万事大吉了，至于落下的文化课，临近高考再学也不迟。还有一点，由于他们是分散上课，所以班级成员缺乏集体意识，班级纪律很差，几乎每天我都会收到学科老师的投诉。我头一次面对这样情况复杂的班级，一时间不知如何是好。苦苦思索良久，我意识到这对于我来说不仅是一次挑战，更是一次机遇。于是，我下定决心通过管理这个班级来证明我的带班和教学能力，从而在学校站稳脚跟。我心一横，牙一咬：苦，我一口吞；累，我甘心受。每天我最早到班，最晚离校，周末也不休息。我几乎每天都在各种问题中煎熬，但同时，我也在处理问题的过程中提升了认知，找到了更有效的解决方法。慢慢地，面对各种问题我越来越从容，班级中的问题越来越少，师生关系也越来越和谐。学期结束时，班风已经大有改变，学风也比以前浓厚，整个班级呈现出一种积极上进的状态。在别人看来，带这样的班级是很辛苦的，让人身心俱疲。我承认，这一路走来确实有这样的痛苦感受。每次被痛苦煎熬时我就想：既然我注定要吃这份苦，那么我就把这份苦视为我教育生涯的一次"渡劫"。只要"渡劫"成功，我就能在专业上有所提升。这样，在以后的日子里，我不论遇到什么问题，都能淡定自若，轻松应对。

　　第二，找对方法，提高效率，尽量把自己从低效无序的工作状态中抽离出来。康康老师中途接手的班级纪律不好，那就要制定一系列课堂和课间的管理制度，一切按制度办，严格管理。五年级的学生，还没有形成完整的自我认知，叛逆之心还在生长中，班主任是可以强势介入的。学生之间爱打架，说明学生不懂得如何建立人际关系，班主任可以教学生一些交友的策略和正确的沟通方法。学生爱告状，说明学生希望班主任为他们出面主持公道。班主任若能重视这些问题，很快就会赢得学生的尊重。其实，康康老师面临的这些情况，是教育现实中最常见的现象。我中途接班时，遇到的问题更严重，但我从不觉得这些问题是负担，而是抱着一种研究的心态，把这些问题作为一个个小课题来进行研究。等我把这些问题处理妥当，研究成果也出来了，我也成长了，慢慢地就变得笃定自信了。之后遇到再大的问题，我都不会着急，而是会进行积极的心理暗示：这个情况只是目前有些糟糕而已，只要我努努力，找到正确的方法，局面就能得到改善。

至于教课多并备课到深夜的问题，对于年轻教师来说，这都很正常。毕竟年轻教师对教材不熟悉，需要花大量时间去研读教材，加上教学技艺还不够精湛，在备课的时候需要全面考虑，各方权衡，确实很耗时间，但这个过程并不会持续太久。只要教师们熟悉教材了，教学技艺提高了，课堂组织管理能力增强了，备课的时间自然就减少了。

我写这篇文章的目的是想告诉康康老师以及其他年轻教师，面对当下事多、心烦、身心俱疲的状态，要先调整心态，接受这种忙乱和劳累的现状，多花时间和精力去应对工作中的困境，从困境中获得经验和自信。等到自己发现教育契机的敏感度增强了，解决问题的能力提高了，对教育的理解更深刻了，对于学生群体的突发事件应对自如了，整个人就会变得自信从容，就能找到幸福感和价值感。那么，成为一个快乐自信的班主任，就是水到渠成的事了。

2. 班主任身兼数职如何分清工作主次？

@钟老师：我姓吴，是您的粉丝。由于学校人手紧缺，我这学期兼任班主任和备课组长，备课组内除了我都是新老师。我自己也只有一轮小循环的工作经验，今年是中途接初二班级，感觉力不从心。一方面，我想尽可能帮助其他老师把课备好，另一方面，班级管理尤其是班干部培训和班规制定这块也需要花费很多时间。开学一个月，我感觉自己就是在忙乱中度过的。请问钟老师，我应该如何协调"班主任"与"备课组长"的职责呢？

吴老师面临的困局是：除了学科教学工作外，还兼任班主任和备课组长（组员全是新教师），而且还是中途接班（处于"多事之秋"的八年级）。他既想带着备课组的老师把课备好，又想把中途接手的班带好，奈何事务繁杂，又难以取舍，导致开学一个月，还在忙乱中度过。困局已成，关键是吴老师该如何破局呢？

我个人觉得，吴老师在时间分配和工作主次权衡上，应该向班主任这个岗位上倾斜。毕竟吴老师是中途到八年级做班主任的，与学生还没有建立起彼此信赖的关系，班级常规管理系统也没有建立起来，原有的班级文化呈何种状态也不清楚。此时若忽略班级建设这一系列工作，学生很有可能会因缺乏主心骨而变得放任自流。班风和学风一旦恶化，学生成绩两极分化的现象就会加剧。届时班主任再回头狠抓班风和学风，难度就会加大，得不偿失。

建议吴老师接班的第一周开好"四个会"，快速布局，赢得先机，稳住全盘。这"四个会"分别是：

（1）全体学生会。这个会既是向学生介绍自己，也是对学生进行"表白"。介绍词怎么写？陈述须客观，展示勿谦虚。先介绍清楚自己姓甚名谁，教什么学科，性格怎样，行动力如何，对教育秉持何种理念。这些都无须夸大，如实写来即可。然后就是向学生展示自己近几年取得了哪些成就，有多少就抛出多少，千万别谦虚。介绍完毕，就要用充满深情的语调真诚地向学生"表白"。表白的内容大抵是很高兴与大家相遇，很乐意做大家的班主任，希望与大家一起打造一个和谐友爱、积极向上的班集体。特别要注意，这个会一定要事先准备充分，介绍和表白的文案最好提前写好，字斟句酌，把自己的想法真诚得体地表达出来。我在下文提供一个介绍和表白的文案模版，供大家参考。

亲爱的同学们，当我获悉学校安排我来做你们的班主任时，我非常高兴！相遇就是缘分，遇见就是美好！我姓钟，名杰（转身在黑板上把姓名板书出来），你们可以叫我钟老师，也可以叫我艾岚同学（艾岚是我早期的网名）。我是你们的语文老师，同时也是道德与法治老师。我之所以要承担跨学科教学的任务，是因为我觉得一个人学好语文可以走得很远，而学好道德与法治可以走得很稳。我希望你们以后既走得远，又走得稳。我是一个雷厉风行的人，做事追求速度和效率，对拖拉懒散的作风容忍度较低。作为一名教育工作者，我始终认为没有什么比学生的未来更重要，我教学生3年，就要为学生谋划未来的30年。因此，我会经常向学生传授课本上学不到的知识，以此来提升学生的认知，开拓学生的视野。这些年，无论是在教学上，还是在班主任工作方面，我都取得了很多荣誉，在此与大家分享：①全国优秀教师；②广东省名班主任；③2022年深圳市年度教师……

亲爱的同学们，虽然我刚开始做你们的班主任，与你们还没有建立起彼此依赖的师生关系，但我自答应做你们的班主任那一天起，我就在心里对自己说，一日为师，终生为师，我一定要对你们负责，一定要懂得你们，让你们有尊严地坐在教室里学习，让你们在这个班里有归属感和安全感。不管你们喜欢还是不喜欢我，作为你们的班主任，我都会无差别地接纳和爱护你们。

表白词具体应该怎么说，与老师的表达风格有关系，说出来自然、不别扭即可。但不管怎么说，都要向学生传递一个信息，那就是老师是来帮助他们解决学习和生活中的困惑，让他们获得安全感和归属感，从而更好地成长。

（2）"优生会"。一个班级，把优秀学生稳住了，学风就容易稳住。尤其是初二年级，很容易出现学习成绩两极分化的现象，在这种情况下，稳住优秀学生就更重要了。班主任在"优生会"上先要大张旗鼓地为优秀学生点赞，接着要开诚布公地向优秀学生阐明利害关系，最后要放下身段向优秀学生求助。会议发言模板参考如下：

同学们好，我从前任班主任那里了解到，你们都是各科老师看重的学生。我也看了你们上学期的期末考试成绩，你们的成绩都排在班级前列。我知道你们的学习能力很强，学习很自觉，学习效果也很明显。虽然我是一名有热血和干劲的班主任，但毕竟我是中途接班，还没取得班内同学们的信任。因此，稍有不慎，我就有可能把班级带乱。你们要知道，一个班级若是乱了，最受负面影响的就是班上的优秀学生了。因此，咱们一定要建设一个班风好、学风浓的班集体，我期望你们能走向更高的成长台阶。在此，我要向你们求助，请求你们支持我，帮助我，快速地让班级走上正轨。我希望你们能够做到以下几点：首先是把心安顿下来，继续保持你们努力学习的状态。其次是遵守课堂纪律，做好其他同学的表率。再次是带动中等生学习，我给你们每个人分配两位"徒弟"，课间主动问问"徒弟"是否学懂了，不懂就帮忙给"徒弟"讲讲。

（3）班委会。既然事情多到无法分身，那就必须要学会授权和发挥班委会的作用。接班第一周，班主任再忙，都要抽时间召集班干部开会。开会的目的是稳住全体班干部的心。班主任首先要向班干部表示，目前不会轻易调整以前的管理班子。其次弄清楚每个班干部目前都负责什么，活儿多的减，活儿少的增，问题一定要在现场解决，这就叫现场办公。班上的活有人干，班级才能正常运转，班主任才有时间去了解学生和备课。开完班委会之后，班主任还要留下班长、学习委员、纪律委员、体育委员、劳动委员（这是班级管理团队的核心领导层）开个小会。这个小会非常关键，班主任必须要向这五个核心成员了解相关问题：①向班长了解班风情况，班上有哪些同学会破坏班风建设；②向学习委员了解学风情况，班上哪些同学爱学，哪些同学厌学；③向纪律委员了解课堂和集会的纪律情况，班上有哪些同学经常违反班级纪律；④向体育委员了解班上哪些同学热爱体育运动，哪些同学有运动天赋；⑤向劳动委员了解班级卫生情况，哪些同学热爱劳动，哪些同学逃避劳动；⑥向五个核心成员了解目前班级管理团队的岗位设置和人员安排是否合理，需要做哪些方面的改进。

如果中途接班的老师，抱着接受原班人马的心态，摆出积极建设班级的姿态，学生就会产生一种"虽然换班主任了，但又找到主心骨了"的兴奋状态，班主任以后开展工作就容易轻松达标。

（4）女生会。为什么要特意开个女生会呢？吴老师是"空降"班主任，并且接的又是八年级，这个年龄段的女生心思敏感细腻。中途接班的班主任，如果不能跟女生进行很好的沟通，就很难把班带起来。因此，一定要趁早将女生们召集起来开个"表白会"。也许有人会问，会不会很尴尬？我认为表白只要得体、真诚，并不会尴尬，相反还能打动人心。我给大家提供一个表白模板，供大家参考使用：

亲爱的女孩们，我还没来咱们班当班主任时，就听说咱班女孩特别善解人意、上进，有班级荣誉感，我非常期待同大家见面。人家都说，女孩是妈妈的小棉袄。我相信，咱班女孩也都是班主任的小棉袄，不仅很暖，还很给力。虽然我是中途接班，但我一定会全力以赴带好咱们班。不过，我一个人的力量是有限的，所以我想请女孩们做我的帮手。咱们班要想成为人人称道的优秀班集体，必须有全体女孩的助力才行！

这四个会开完后，班主任可以正常展开各项事务，但还无法达到驾轻就熟、随心所欲的程度，还需继续努力。至于班干部培训，以及班规制定，不可操之过急，需要逐步实施。班干部培训建议采用现场培训的方式——班干部在实施管理时，班主任根据班干部的管理表现进行现场指导。班主任在指导的时候应该尽量采用鼓励式的方法，也就是先肯定学生原有的做法，然后在此基础上给学生支招。班规的制定则要在全面了解并评估原有班规之后，再召集班委核心成员开会商量。班主任不能按照自己的想法直接制定班规，然后要求学生遵守。按这种方式制定出来的班规，再合情合理，学生都会不服气，班主任的时间和心血就都白费了。

说到备课组工作这一块，我建议吴老师大胆启用新老师，让他们写教学设计，做课件，自己只负责把关即可。把关时，需要从重点、难点、考点、易错点四个方面来权衡。如果学校购买了一些学习网站的服务，可以把这些资源用起来，借鉴优质教案和精品课件，把别人的智慧和自己的经验结合起来，即便是新手老师，也会备出高质量的课来。

教学是班主任的本职工作，不论多忙，教学质量都不能打折扣。当备课组长时，要学会授权和充分发挥备课组内新老师的作用。既然选择了当班心任,就必须全力以赴。育人是班主任的主要职责,如果为了应付学校安排的工作,而忽略了对学生的精神引领,这对学生是不公平的。

3. 起始班级的班主任忙碌无头绪怎么办？

@钟老师：我是来自陕西的杨老师。我是第一次当七年级班级的班主任，想着尽可能把课备好，但班级管理尤其是班干部培训和班规制定这些方面需要很多时间，总是没有时间、精力去做这些工作。目前，我们班班级纪律比较差，特别是收交作业的情况很不理想。开学一个月了，班级纪律、课堂教学、作业管理这三方面，感觉自己没一样完成得很好。请问钟老师，我应该如何调整自己的工作方向和方法呢？

依据我多年的带班经验，起始班级的班主任如果没把常规管理抓到实处，没用心培养学生良好的学习习惯，就会为班级的后续发展埋下隐患，稍有不慎，就会对班风和学风产生很大的影响。届时，起始班主任的专业能力就会受到质疑，甚至还会影响到个人的职业发展。因此，起始班级的班主任，一定要抓住"起始"这个时间节点，打造优良的班风和学风。只要在七年级把班风和学风抓实了，八年级的成绩两极分化现象就会相应地弱化，学生们的人际关系也会相对和谐，直到毕业，班级生态都会处在一个生长的态势。这样的班主任才会被领导器重，被同事看重，被学生敬重，被家长尊重，个人才能够有更好的发展。那么，杨老师作为七年级的起始班主任，该主要抓住哪些工作重点呢？

（1）抓实课堂纪律。课堂是教学和德育的主阵地。这个阵地一旦失守，教育教学就会满盘皆输。因此，起始班级的班主任一定要高度重视课堂建设。把建构课堂价值观和强化课堂纪律作为抓手，采用沉浸式育人策略，让每个学生都能专注于课堂学习。

如何构建课堂价值观呢？班主任要利用班会课，态度鲜明地告诉所有学生：课堂是大家的，任何人都不能破坏课堂纪律，必须尊重和维护课堂；课堂是用来学习的，任何人都不可以在课堂上嬉笑打闹、扰乱课堂秩序；课堂是有规则的，不论谁违反了课堂纪律，侵犯了他人的学习权利，都要受到相应的惩戒。为了能够让学生认可并践行上述的课堂价值观，就要让学生浸泡在这些价值观中，直到与它们"血脉相融"。因此，班主任要经常带着学生对课堂价值观进行复诵、解读，并且与实际行动关联起来。

如何强化课堂纪律呢？班主任首先要制定课堂管理规则。具体怎么制定课堂管理规则，没有绝对的范式。班主任可以根据自身的性格、风格和学生的行为表现制定，内容可宽可严。我在制定课堂管理规则时，尽量做到句式简短、内容简单，这样不仅易记好操作，而且容易把制度抓实。下面是我制定的"少侠一班"的课堂管理规则：

①与本课堂无关的话不说；

②与本课堂无关的书不看；

③与本课堂无关的事不做；

④与本课堂无关的游戏不玩；

⑤与本课堂无关的心事不想。

我制定的课堂管理规则虽然只有简单的五句话，却把课堂上需要规避的不良行为基本罗列了出来。我要求学生把这五句话工整地抄写在每科教材的封二上，然后利用早读前的时间进行朗读和背诵。在班级的课堂纪律还未达到预期要求时，每节课的课前，我都要求学生复诵这五句话。复诵完毕后，我也会再次进行强化，并且还要在课堂上随时反馈学生遵守纪律的情况。

只要班主任态度鲜明，立场坚定，持续不断地强化课堂价值观，反馈学生的落实情况，不论哪门学科的老师上课，课堂纪律都能得到保证，这对学生以后的求学生涯也大有裨益。

（2）抓稳课间安全。校园安全重于泰山。这一点，不管是哪个年级段的班主任都要明白。校园安全事故往往发生在课间时间，因此班主任一定要盯紧学生课间的活动，切实抓稳课间安全。我自己就在班主任的工作岗位上，平心而论，班主任确实事务缠身，的确没时间把每个课间都给盯牢。但班主任可以明确地向学生表达对于安全的态度与立场。我经常这样对学生们说："我的学生我守护！谁要是敢动我的学生我绝不退让！我对校园欺凌的行为零容忍！"光有班主任的态度和立场还不行。学生当时或许听进去了，甚至还有可能引发他们的强烈共鸣，但这个年龄阶段的学生价值立场很容易动摇，意志力也不够坚定，内心还不够强大。因此，班主任一定要制定班级安全制度，同时要任命几名安全委员（通常为两男两女，分两组，一组负责线下安全，一组负责网络安全），让他们随时观察学生的课间活动和网络行为，一旦发现安全隐患，第一时间向班主任汇报。班主任接到汇报后，不论事情大小，都要高度重视，第一时间帮助学生解决问题。

班主任把课间安全问题落实了，学生才会身心健康，班风才会向健康方向发展，家长才会更加信任学校和班主任，才会更加愿意配合班主任的工作，协同教育才能落到实处。

（3）抓牢班级管理。马卡连柯说："即使是最好的儿童，如果生活在组织不好的集体里，也会很快变成一群小野兽。"《中小学德育工作指南》中提到的育人途径的第一条就是"管理育人"。由此可见，班级常规管理相当重要。只有把班级管理得井然有序，把学生管理得遵守纪律，才能通过管理达到育人的目的。具体怎么管理呢？

首先，班主任要秉持"管理也是育人"的教育理念。通过班主任的外部管理与学生的自我管理，培养学生的领导力、管理力和自控力。

其次，班主任要把班级还给学生，把每个学生都纳入班级管理中来，让他们"人人有岗位，事事有人做"。在做事之中成人，成人之中做事。

再次，班主任要根据班级管理需要打造"班干部团队""科代表队伍""官方朋友圈""卫生小组""特岗队伍"等，让每个学生都能在班级里找到适合自己的工作团队和人际圈子，这样学生在班级里才会有归属感和安全感。

最后，班上各个管理团队建设成形之后，班主任还要加强对这些团队的方向指引和能力培训。也就是让学生明确自己在什么岗位，做什么事，每件事如何落实。这些都需要班主任手把手去教会学生。班主任在培养学生的初期，确实很耗时费神，但一旦把班级管理团队建立起来，班级有了稳定的规章制度，学生有了熟练的管理技巧，班级就会在学生自己的推动中成长，班主任就可以"退居二线"了。

（4）抓紧作业完成情况。作业具有强化和反馈学习成果的功能，不论对学生还是对学科老师都极其重要。如果学生没有养成按质按量完成作业的习惯，甚至连作业都不交给老师，那么这个班的学风就会逐渐颓靡，学生的学习成绩就会下降。因此，起始班级的班主任必须给学生立下严格的规矩：作业必须按时完成，没有商量的余地！特别提醒，为了规避因学生的差异化而造成的困扰，班主任要建议学科老师根据学生的学习能力布置作业。例如，有几个学生存在阅读方面的困难，我对他们的阅读题目要求就比较低，但对其他类型的作业要求就比较高，比如抄写生字和古诗词，制作手抄报等。我培养科代表的要诀就是"不做钓鱼者，要做捕捞者"。这是什么意思呢？就是科代表不是坐在自己的座位上坐等其他同学把作业交上来，而是由科代表选出组长，安排组长一对一收作业，科代表直接到组长处要作业。如此，谁交谁没交，就一清二楚了，然后由科代表及时把情况反馈给学科老师。学科老师再把情况及时反馈给家长，并找学生本人了解情况，给出合理的处理方案，这样就能有效地杜绝学生不写作业的现象。紧抓作业完成情况，就会促使学生上课时专心听课，不然他就没办法完成作业，也没办法向学科老师交差，更没办法向父母交代。很多班主任都吐槽班上"作业老赖"多，那是因为很多学科老师在布置作业时采用"一刀切"的方式，有些学生就被逼成了"作业老赖"。不少学科老师只会讲道理，却没有实际行动，结果学生们被慢慢培养成了被动性的"作业老赖"。学生不写作业，班主任要找出其背后的原因，并采取切实有效的办法，才能把那些不想写作业的学生拉回正轨。

最后我要说的是，备课确实非常重要。不论工作有多忙，都要把教学当作教师的安身立命之本，绝不能应付。杨老师虽然是第一次当七年级的班主任，但也不能将班级建设让位给教学工作，必须两条腿走路，教学和班级建设要两手一起抓。虽然这样会让杨老师感到更加辛苦，但多年的工作经验让我感受最深的一点是，年轻时吃过的苦，一定会为未来的发展打下坚实的基础。因此，我建议杨老师可以把备课时间尽量调整到下班之后，或者利用周末时间提前备好周一和周二的课。等到把班级中的事情理顺了，学生具有一定的管理能力后，班主任就能从事务性的工作中解放出来，到那时候就可以潜心备课了。

4. 认真负责的班主任为什么所带班级成绩越来越差？

@钟老师：我是一名老班主任，平时跟班比较紧，管理班级皆按照学校的工作要求进行。可是，最近几年我所带班级的学习成绩总是不尽人意，有时甚至倒数。我很无奈，并产生了很强的挫败感。有时候，我甚至怀疑自己的工作能力，感觉自己不适合当班主任。我该如何改变自己呢？

作为一名老班主任，不论是教学方面，还是带班方面，经验都应该相当丰富了，按理说应该得心应手才是。况且这位老班主任跟班还比较紧，完全按照学校的要求管理班级，为什么所带班级的学习成绩却越来越差呢？答案真的如这位班主任自己认为的那样，是自己业务能力越来越差了吗？或许有这方面的原因，但绝不是主要原因。那么，造成班级整体学习成绩越来越差的原因究竟有哪些呢？

在分析这个问题之前，我觉得有必要弄清楚哪些类型的学生成绩会越来越好。

（1）智力水平高的学生。 智力水平高是一个学生取得好成绩的前提。 从最近几年各个学科的考试中可以看出，勤奋的中等学生都已经很难考出好成绩，何况是智力平平且懒散的学生。

（2）记忆力强的学生。 记忆力是决定一个学生学习成绩好坏的关键要素。 虽说学懂一个知识点需要眼耳手脑并用，但要掌握并消化一个知识点却需要较强的记忆力。 不善于记忆的学生学习起来自然是事倍功半，缺乏成就感，很容易放弃。

（3）性格要强的学生。 性格要强的学生往往好胜心也很强，不甘落后。 就算天资不如他人，也会花数倍于他人的时间和精力去赶超他人。

（4）执行力很强的学生。 这一类学生做事干脆利落，不拖拉，不磨蹭，说做就做。 老师让他做笔记，提笔就写；让他写作业，低头就奋笔疾书；老师让搞个错题集消灭知识漏洞，隔天就能看到他课桌上的错题本。

（5）目标感很强的学生。 这类学生早早就知道自己想要什么，对自己的未来有较清晰的规划，目标定得很明确，并且还有很强的信念感，大有不达目的誓不罢休的架势。

（6）效能感很强的学生。 这类学生学习能力和做事能力都很强，事关学习之事，不论大小，都能认真完成，学习意愿很强烈。

（7）学习品质好的学生。 这类学生可能资质平平，但由于自小训练得法，学习习惯好，自我学习能力强，对未来充满期待，在学习上的主动性更强。

（8）家庭关系和谐的学生。对于学习力和意志力都很强，并且愿意通过读书改变命运的学生，家庭关系是否和谐，对他们的影响不大。倒是大多数普通学生，能够在学业上异军突起，真的需要一个健康、和谐、积极向上的家庭环境。

请怀疑自己能力的班主任对号入座，您的教室里坐着多少这样的孩子？不要说上述八个特点都具备，就说在一个孩子身上，同时具备上述四个特点的又有多少？

这么说来，班主任是不是就该选择"躺平"，甚至什么都不去做呢？当然不可以！经验丰富的老农会因为地里的禾苗长得细弱，就撒手不管了吗？当然不会！他们会更加细致地管理，更加精心地呵护，更加耐心地等待，直到"病秧子"长成大壮苗，他们才会满心喜悦地驻足欣赏。育人就如老农种庄稼，必须做到行动上不懈怠，心态上要慢待。不然，班级整体情况就会越来越差。那么，哪些原因会导致班级学习成绩越来越差呢？

（1）生源整体不够理想。学生的学习基础比较薄弱，学习能力不够强，体会不到学习带来的成就感，主观上对学习比较厌恶，班上也就会缺少学习上的"领头羊"。

（2）班风消沉，学生缺乏上进心。这样的班风很容易令整个班级停滞不前，让学生沉迷在自欺欺人的假进步中，甚至还会产生"我差我光荣"的低认知。

（3）学风不浓，学生厌恶学习。班上的学习氛围差，就会让学生没有目标和追求，得过且过，进而导致上课纪律差、作业打折扣、懒惰贪玩等现象。

（4）班级关系不睦，学生缺乏安全感。也就是师生关系不健康，学生对老师缺乏信任感和依赖感；同学关系不友好，班上存在欺凌现象。一个连基本的人际关系都没建立起来的班级，学生怎么可能放下心来学习呢？

（5）家庭关系不和睦。现在有不少父母缺乏成年人的理性，很容易把负面情绪带进家庭生活里，造成夫妻关系疏离，亲子关系紧张。家长起不到榜样示范的作用，也就很难在学习上起到指导和促进的作用。

（6）老师缺乏科学指引的方法。有些老师上课缺乏激情，学生不喜欢听其讲课。还有些老师脾气不好，不善于与学生建立健康的师生关系，不能给学生做榜样示范，自身威信不足，影响力较差，管理方式陈旧等。

一个班级越来越差的原因当然不止上述六种情况，但若能规避上述六种情况，班级定会朝好的方向发展。那么，班主任该做哪些努力才能使班级发展得更好呢？

（1）接受学生原本的样子，不责骂，不否定，不进行不合理的比较。未成年学生对自己的未来还没有清晰的方向和明确的规划。因此，班主任尽量要给予学生正面反馈，要么肯定，要么表扬，要么激励。比如，每天早晨进教室时，全班49名学生，有15名学生已经到班，班主任可以立马进行积极反馈："已经有15名同学比我早到了，我太开心了，表扬大家！"班主任千万不能说："太懒散了，竟然还有34名同学没到班，他们怎么这么没有时间观念？"对比一下这两句话，就能发现前一句更能激发学生积极向上的力量。

（2）运用多种评价方式，激发学生的上进心。如果老师只用分数来评价学生，那么绝大多数学生都得不到正确的评价，他们的学习积极性也会受到严重的挫伤。老师要善于"因材施教"，对于智商高、记忆力强、善于学习的学生，就让他们在学习上找到成就感和优越感。对于有运动天赋的学生，就让他们参加体育训练，代表班级和学校去比赛，让他们在体育领域"建功立业"。对于擅长音乐和美术的学生，就让他们发挥所长，在音乐、美术这块领域成为佼佼者。总之，班主任的眼界要开阔，格局要宽广，要时刻记住，我们是在为党育人，为国育才，培养的是全面发展的社会主义建设者和接班人，不能仅仅用分数来衡量每位学生，要让每位学生扬其所长，走向成功之路。

（3）提升自己，做学生的榜样。如果老师不做一个学习者，就很难推动学生学习。因此，要想所带班级呈现出积极向上的学习风气，班主任首先要成为一个勤学不倦的人，要让学生从老师身上感受到学习的快乐和魅力。

（4）利用各种契机培养学生的责任感。人们常说，兴趣是最好的老师。但我还想在它后面加一句，责任也是最好的老师。有时候，学生明知道学习是困难的，是要耗费精力和时间的，但为了前途和使命，就会克服自己的惰性去完成学习任务。怎样才能培养学生的责任感呢？其实很简单，就是不论大事小事，都让学生亲自动手实践，事情做得多了，责任感自然就形成了。

最后，我想对各位老师说的是，不要低估教师这个职业的难度，也不要幻想把每个学生都能培养成学习的高手，教育毕竟不是万能的。只要老师用专业的方法认真工作，用积极的态度认真学习，用满腔的热情认真对待学生，那就问心无愧了。秉持着"谋事在人，成事在天"的平和心态，当个平凡而认真的老师也是一件很美好的事情。

5. 遇到软硬不吃的青春期男生该怎么办？

@钟老师：我是一位八年级班主任。我班里有个男生，从小学起就让老师头痛。不论遇到什么事，他都非常淡定且软硬不吃。对于这样的青春期男生，我该怎么办呢？

这位班主任给出的信息非常有限：男生、八年级、淡定且软硬不吃。从这些信息中唯一能看出来的男生存在的问题就是"从小学起就让老师头痛"。至于为何让老师头痛，这位老师也没有仔细描述。让老师头痛的男生就一定不是好学生吗？

虽然这位老师没有描述个中细节，但依我带班 30 多年的经验来看，令老师头痛的问题无非是这个男生不守规矩，不好好听课，不认真完成作业，上课喜欢说话，下课喜欢搞事情，等等。简单说，就是这个男生不按老师的要求做人做事，常常不按常理出牌，老师拿他没辙。

该老师说到这个男生非常淡定且软硬不吃。如果他是真淡定，那就说明这个男生内心强大，或者情绪稳定。这不是什么坏事，有这样性格的学生今后步入社会才能经得住社会的考验。我的态度是，只要他的行为没有侵犯他人的权利，没有给班级造成不良影响，老师就陪着他淡定。如果他的行为侵犯了他人权利，即便他非常淡定，也要让受害者追诉他的责任，让他没法淡定。如果是假装淡定，那老师就要做个有心人，多观察，多留意，找到这个男生的软肋。

我曾经也遇到过一个类似性格的男学生，不论犯了什么事，他都会说："走自己的路，让别人去说吧。"我问他："假如别人说你了，你真的不在意？不难受？"他不冷不热地答道："是的。"过了一段时间，他竟然找到我说："总有人在我旁边说我的坏话，这让我感到很苦恼。"我笑着问他："你不是坚信'走自己的路，让别人去说吧'的至理名言吗？为何别人说你，你又受不了了呢？"原来这个男生所谓的"淡定"，完全是装出来的。其实他心里有很强的虚无感，总是觉得自己在这个班级里没有存在感，因此他总是想搞一些事情引起大家的注意，来证明他是存在于这个集体的。但同时他又怕老师责罚他，使得他在同学面前丢了面子，于是他就装出一切都无所谓的样子。

后来，我帮助他提升自身的能力，使其在学生会获得一个专门检查全校卫生的岗位。他每天早晨、中午、下午，都会带着红袖套跨越三个年级，上下五个楼层检查全校的卫生。他找到了存在感，内心得到了极大的满足，一扫之前那副油盐不进的颓靡模样。

解决问题最好的方法还是就事论事，公事公办，尤其是对那些看起来很淡定、油盐不进的男生，既不要跟他们过多地讲感情，也不要跟他们过多地讲道理，老师只需要客观陈述他们犯错的过程以及产生的不良后果，然后告诉他们老师的客观感受，表达老师的真实需求，最后向他们提出合理的建议和要求。

如果这类学生犯的错误侵犯到了他人的合法权益，依法维权即可。比如在上课时间大声说话，影响了其他同学听课，干扰了老师讲课，那就搬出《中小学教育惩戒规则（试行）》，按第八条第四款来处理：一节课堂教学时间内的教室内站立。如果不服惩戒，那就上报学校德育处，请求调解。调解不成，报警处理。这样做的目的就是告诉他们：你可以有个性，但你绝不可以损害他人利益！

有些学生因为认知水平较低，以及原生家庭问题较多，在学校配合度不高，情绪感知能力也很弱，往往油盐不进，软硬不吃。这个时候老师的心态就要慢下来，用耐心和爱心获得学生的信任与敬重，再从提升学生的认知出发，培养学生良好的习惯，指导学生如何去感知他人的情绪。"没有爱就没有教育"，这句话说的就是老师对待"特殊"学生的教育态度。爱优秀学生，每名老师都会，可是要爱问题缠身的学生，确实不容易。但我们选择了教师这个职业，就必须接纳所有的学生，进而赢得学生的信任，帮助学生慢慢改正自身的问题。

6. 班主任如何规避青春期女生的反感？

@钟老师：我是一位八年级的班主任。我的班上有些女生，我一直诚心诚意地对待她们。我善待她们十次，她们都不会记着我的好，但是我只要批评她们一次，她们就会记着我的恶，师生关系立马就会出现危机。这是为什么呢？我该如何规避这种情况呢？

女生进入青春期，身体发育趋于成熟，但自我意识还没完全建立起来，主要依靠外界对她们的评价来确定自己是一个什么样的人。班主任与她们走得近，经常表扬她们，关心爱护她们，她们就会觉得自己是个优秀的学生。

有些女生得到老师的肯定后，就会在班里获得优越感和存在感，而且还会认为老师对她们所有的好，都是理所当然的。女生一旦形成了这样的认知，就会无视老师的付出，不会产生感恩之心，更不会产生同理心。一旦老师关心别人胜过关心她们，她们心里就会愤愤不平。如果她们有过失，老师不顾情面批评了她们，她们就会觉得自己"失宠"

了，于是就会发脾气，甚至记仇。这样一来，师生关系就很容易出现问题。

那么，班主任如何做才能规避青春期女生产生这种独占心理呢？

第一，树边界。无论班主任与女生的关系多么亲近和谐，都要树立清晰的相处边界。班主任要给女生说清楚："在学校，我是老师，你是学生，这个关系永远不变。我关心你，也关心班上其他同学。你若受了伤害，我会第一时间站在你这一边，为你讨回公道。但你若伤害了别人，我会站在你的对立面，为别的同学讨回公道。在课堂上，我是授业解惑的教师；在班会课上，我是传授人生智慧的导师；在课间，我是陪伴你们玩耍的大朋友，你可以不必叫我老师，可以叫得亲切一点，但不支持叫超越师生身份的称呼。"

当班主任在各个方面与女生保持了一定的边界时，那么女生就不会轻易越界，更不会产生一些虚幻的想法。

第二，立规矩。所谓的立规矩，就是告诉班上所有的女生：老师在感情上，无条件支持你；在做人做事上，对事不对人。班上制定的所有规则，是对每位同学而言的，没有谁可以搞特殊。

班主任给女生立了规矩，就有了引领女生成长的方向，也有了惩罚犯错女生的依据。丑话说在前，即使她们犯了错，老师也只是公事公办，对事不对人，她们要怨就怨自己不守规矩，不要怨执行规矩的人。

第三，表态度。班主任在与女生相处时，要经常向她们表明自己的态度：你是我的学生，我会无条件地接纳你。这种关心无关你的成绩，无关你的相貌和家境，只因为我是你的老师，我要遵守我的职业道德。但也正因为我是你的老师，所以我必须享有我作为一个老师的权利，那就是：你做对了，我赞赏你；你做不好，我指导你；你做错了，我纠正你；你犯错了，我批评你，乃至惩罚你。老师要在这个成年与未成年的临界点，帮助未成年学生进行最小成本的社会化修炼。

第四，培感恩。班主任培养学生的感恩之心很重要，学生们如果不懂得感恩，就很难在社会上立足。

我常对学生说，一个老师，如果在完成教学任务之后，还能关心学生的身体是否健康，心情是否愉快，同学关系是否和谐，想办法帮助学生获得精神成长，这样的老师就已经不能只用"合格"来评价了。他们是真正的人生导师，是学生的恩师，每个学生都应该对这样的老师心怀感恩。

如果班主任在与女生相处时能做到这四点，女生就会对班主任既敬爱，又敬畏，师生关系就会很健康。有健康和谐的师生关系打底，女生在受到班主任批评时，才能从内心接受，不会心生怨恨。班主任在批评女生时，一定要考虑男女性别上的差异，千万别搞"一刀切"的批评方式，要针对女生的特点对其错误行为进行规劝。下面列出一些需要注意的事项。

（1）能私下交流，绝不公开批评。青春期的女生好面子，自尊心也很强。她们犯了错误，有时候心里认错了，口头上未必承认。如果班主任在公开场合批评她们，就会激发她们内心的不满和对立情绪。

（2）能客观陈述，绝不主观判断。班主任在批评女生时，千万不要用"我觉得……，我认为……"这样的句式。"觉得"和"认为"带有主观色彩，会令女生心生不悦。我建议使用循环发问的句式，比如："你今天上课与旁边的同学说话，作为你的老师，我心里会怎么想呢？如果我把这件事告诉你的父母，你的父母会怎么想呢？"对于女生给出的答案，不管对错，班主任先不要着急评价，而是要顺势说一句："你上课与旁边同学说话也许有其他的原因，但确实给我造成了一定的困扰。我当时的心情很不好，总觉得有一种被冒犯的感觉，幸好我的情绪稳定，才没有释放负能量。"班主任在没有做出评价的情况下说出了自己的感受，女生就会觉得难为情。这时，班主任就可以趁势说一句："我们的师生关系既然这么好，那你就要重视我的感受，今后有什么话想说，留到课下说，好不好？"班主任用这种方式进行教育，大概率不会惹女生反感。用这种方式时要秉持一个原则，不管什么原因，班主任都不要释放负面情绪，不要对女生的行为进行价值判断。

（3）批评之后要进行安抚。女生被班主任批评了，内心惶恐，心情低落。这个时候，班主任要不失时机地进行安抚："某某同学，我刚才批评你，只是针对你的行为，并非对你个人有什么意见，你别多想啊！连我们成年人都会经常犯错，别说你一个孩子了，只要及时改正，今后不再犯了，那就行了。"

教育家苏霍姆林斯基说，教育学，首先是人学。班主任若不能读懂学生的心思，就无法走进学生的心里，也就做不好学生的思想工作，有时还会出现越努力犯错越多的情况。

7. "双减"后,如何把家长拉进"教育的阵营"里?

@钟老师:"双减"之后,有的家长把期望全部寄托在老师身上,对老师提出很多苛刻要求。面对这样的状况,班主任该如何发挥家校合力,更好地促进学生的成长呢?

为什么有些家长在"双减"之后就把期望全部寄托在老师身上呢?仔细分析,这些家长至少存在两个认知误区:

(1)对"双减"的认知误区。"双减"政策出台后,有些家长只从字面意思上理解,认为不仅可以减去孩子的课业负担,还可以减去自己管理和教育孩子的负担。与此同时,他们认为老师的负担也大幅度减轻了,应该多花时间在学生身上,替家长管理和教育好学生。家长对于教育政策的理解有偏差很正常,班主任此时的主要工作不是带着情绪去抱怨家长,而是要真诚、心平气和地向家长解释何为"双减"政策。这个政策出台,对哪些学生是好事,对哪些学生没有影响。作为老师和家长,需要为学生做些什么才能有助于他们健康成长。

在"双减"政策出台后，我担心家长理解不正确，先是把文件转发给家长，请他们自行学习，然后专门开了一次家长会，站在家长的视角向他们详细解释了何为"双减"，还分析了这个政策背后的实质意义。

什么是"双减"？"双减"政策的实质就是减轻义务教育阶段学生的作业负担和校外培训负担。该政策的宗旨是进一步减轻义务教育阶段学生不必要的负担，真正提高教学质量。班主任一定要结合实际情况给家长解读清楚，"双减"政策针对的是义务教育阶段的学生，一减过多的、不合理作业，二减不必要的校外补课。我还会请家长们根据自己孩子的意志力、行动力、自觉性等方面扪心自问：作业减少了，补课取消了，学生们有了大量的时间，他们会拿这些富余的时间干什么？我这问题一出，家长们就炸锅了，纷纷说道："那肯定是拿来玩啊，不是在家里玩游戏，就是去外面游荡。"我笑着说："'双减'的目的就是要把时间还给学生，让他们可以有更多的时间读自己喜欢的书，做自己喜欢的事，参加体育运动，以及帮家长做家务等。最重要的是，作业少了，补课没了，学生的睡眠时间可以得到保障，身体更加健康。"

我的这番话家长大多是赞同的，但他们没有一个显得欢欣雀跃，而是不无担心地说："政策没有问题，我们都认同，但我们的孩子年纪还小，自制力和主动性都很差，如果没有明确的学习任务给到他们，没有外部力量督促他们，他们就会无所事事。这样下去，学习成绩恐怕会越来越差。"有些家长还跟我吐槽，学校的作业减少了，家长看到孩子无事可做，稍微安排一些学习任务，孩子就会拿政策来说事，说家长不仅没落实"双减",还搞"双增"。

我说:"'双减'是为了减去学生的负担,不是减去家长和老师的负担。大家是否发现,'双减'的宗旨是提质增效?那么请大家想想,又要马儿跑得好,又要马儿少吃草,我们该在哪里下功夫呢?作为老师,肯定是两手一起抓,一是抓实课堂纪律以保证课堂教学质量,二是抓牢作业管理以保证学生的学习效率。可是,不管老师怎么努力,也只能保证学生在学校里的听课状态和完成部分课堂作业,那么在家里的学习时间呢?老师鞭长莫及,心有余而力不足。在莫及和力不足的情况下,就需要谁补位呢?自然是各位家长了。'双减'政策是为所有义务教育阶段的学生制定的,但每个学生的学习能力和学习兴趣以及个性均不同。对有些学生来讲,作业和补课都不是负担,因为他们有兴趣,也有能力,这些对他们而言小菜一碟。但对有些学生来说,则是比较重的负担。教育要提质增效,家长和老师要比以前做得更多。如果家长因"双减"政策出台就放松对孩子的要求,对于行动力和自制力都很强的学生来说,确实无甚影响,但对那些心智不成熟、自觉性差的孩子,影响就会很大。"

我说这些话的意思是,如果家长因为"双减"就不管孩子,把孩子的成长全部寄托在老师身上,就会让孩子遭遇教育缺失,对孩子的成长产生负面影响。

(2)对教育边界的认知误区。至于家长认为孩子的成长全靠学校和老师,这不是家长推卸责任的表现,而是家长缺乏对教育边界的认知。面对这种情况,班主任可以利用家长会或者组织家校沙龙,向家长讲明教育的边界在哪里，教师和家长如何恪守边界，做好自己分内的事情。

我通常会对家长这样说："感谢各位家长把孩子送到我的班级，我会倾尽全力帮助孩子成长。但是，即便我倾尽全力，也无法全方位、无死角地助力孩子成长。"我为何这么讲呢？这里面其实涉及很多教育边界的问题。

①区域边界。学生上课不认真，我可以提醒他们；作业不会做，我可以指导他们。他们在学校的表现、交友状况、行为模式，我都能观察得到。如果遇到什么问题，我都能适当介入，适时干预。学生放学回家后，他们学习与否，表现怎样，我都看不到，也无法干预。

②心理边界。学生无论多么信任和依赖老师，也不可能将内心所有的想法都告诉老师。老师在学校看到的，往往不是学生最真实的样子，难免会判断错误，失去教育契机。家长则是与孩子关系最密切的人。因此，家长看到的往往是一个真实的孩子。即使家长不知道如何教导自己的孩子，把看到的真实情况如实反馈给班主任，请求班主任帮助，效果也比撒手不管强。

③语言边界。教师这个职业要求老师们不可任性，不仅要遵守师德，还要体现专业性，同时还要表达得体。因此，学生在学校里看到的老师，大多是经过专业"驯化"的老师，做事、说话都带有刻意成分。这份刻意当然不能叫虚伪，而是专业表达，榜样示范。可是，很多学生不喜欢被刻意教育。因此，不少学生对老师的言语教导很抵触。但家长不同，他们是孩子的亲人，血浓于水。因此，即便家长有

时候话说得不中听，孩子也很容易接受。如果家长把孩子往学校一扔不管了，遇到懂学生心理，又很有教育智慧的老师，问题确实不大。但如果遇到的是对学生管理缺乏经验的老师呢？家长如果不配合老师，不懂得把老师的教育意图传递给孩子，孩子的成长肯定会受到影响。

④惩罚边界。2020年12月23日，教育部就颁布了《中小学教育惩戒规则（试行）》，该规则于2021年3月1日起施行。这样说来，老师就可以放心大胆地惩戒违规的学生了吗？事实上，惩戒也是有边界的，甚至有些惩戒条例对学生来说也是无关痛痒的。老师给予学生适度的惩罚，不论采用哪一种方法，目的都是以教育为主，希望学生以后不再犯相同的错误。家长在家对孩子进行惩罚时，也要注意方式和方法，言语不可过激，毕竟惩罚的目的是教育，在学生改正错误后要及时予以表扬、鼓励。

我跟家长推心置腹讲了这么多，绝不是为了推卸责任。我自认是一个把时间和爱都给了学生的班主任。我只是想真诚地告诉家长，孩子的成长有太多不确定因素，不能只靠别人，家长自己也要投入大量的时间和精力陪伴孩子成长，最好是与孩子一起成长。父母给力，老师助力，孩子的成长才有力。但凡对孩子充满了爱与期待的父母，都能把我这番心里话听进去，并积极行动起来，绝不会把孩子扔给学校和老师就撒手不管。

8. 班主任如何轻松切换多重角色？

@钟老师：我虽是一名年轻班主任，但我自认为是一名富有工作热情的老师。我喜欢跟学生做朋友，师生关系处得不错，但班级问题还是层出不穷。我的同事们都说，班主任要在不同的场合切换不同的角色，工作才能干得风生水起。那么问题就来了，我该如何切换自己的角色呢？

我做了30多年的班主任。按理说，我这般年纪做班主任，于学生而言，不仅老，还是"老古董"，是很容易不受学生待见的。但是，在学生的评教反馈信息里，却反复出现"前卫""潮爆了""灵魂有趣""脑洞大"等热门词，而这些词都是学生给我贴的标签。为何我会获得这样的评价呢？

其一，我是一个认知维度宽泛、角色认同多元的人。不管在什么场合，我都能根据学生的需求，快速地切换我的角色，用现在流行的说法就是与学生在一个频道上。

其二，我的适应能力很强，不管遇到什么困境，我都能用与之相匹配的身份巧妙应对。这样一来，学生对我的认可度就很高，我的工作就很容易开展，成就感和价值感就出来了。

那么，我是如何在不同的场合进行身份切换的呢？

作为学科教师，教学是我在学校的主业，因此，我必须有拿得出手的教学业绩。稍有教学经验的老师都知道，若想提高教学业绩，除了提升自己的教学技艺之外，还需要在课堂上对学生进行反复训练。于是，我常对学生说，我就相当于他们的教练。何为教练？简单说，就是训练别人掌握某种技术的人。我除了把知识传授给学生，还需要反复训练他们运用知识。为了提升学生的知识运用能力，我必须严格要求他们。所以，在我的课堂上，务必遵守"五不"原则：

（1）与本课堂无关的话不说；

（2）与本课堂无关的事不做；

（3）与本课堂无关的游戏不玩；

（4）与本课堂无关的书不看；

（5）与本课堂无关的心事不想。

不论谁妨碍老师讲课，干扰同学听课，都将被问责。轻则视为违纪行为（违反课堂规则），重则视为违法行为（侵犯老师的教育权和同学的受教育权）。至于该受何种形式的惩戒，应该严格按照《中小学教育惩戒规则（试行）》里面的相关条款执行。

作为教练，那就要少说道理，多干实事，严格要求，反复训练。需要注意的是，作为学科教练，在备课和教学时，要秉持"以立德树人为根本任务，培养德智体美劳全面发展的社会主义建设者与接班人"的教育理念。这是教育的初心与使命，任何时候都不可以忘却。

作为班主任，我是一个班级的组织者、领导者和教育者，也是这个班级全体任课教师教学、教育工作的协调者。我的身份内涵就不再如教练那般单一和严肃了，我此时应该是学生的人生导师。我不仅对学生现阶段的发展负责，还要对学生未来的发展负责。因此，我必须让自己成为一个有爱心、有温度、有情怀的教育工作者。

带领学生进行班级建设时，我不仅要俯下身子倾听学生的想法，还要尊重学生的做法。我经常告诉学生，放手去做，做得好，老师给你点赞，做得不好，老师会帮助你们改正。

学生犯了错误，我身为学生的人生导师，一定会谆谆教导，但我不会居高临下地说教，也不会不问对错地责怪，更不会阴阳怪气地打压。我相信"教育是慢的艺术"，我时常提醒自己要学会等待，要有容错意识。我会对学生说："即便你错了100次，我也会原谅你101次，我相信你一定能改过自新，成为更好的自己！"当我化身为学生的人生导师时，内心是温暖且充满爱意的，言语是温柔且充满能量的，眼神是温和且充满希望的。

我一直都很固执地认为，老师的活动场所不能只局限在办公室里。因此，在课间时间，我很喜欢到教室里与学生聊天。这时候，我既不是教练，也不是学生的人生导师，我只是艾岚（我的笔名）同学，这样我跟学生在一起说话聊天就没有隔膜了。要么学生说，我听。我是一个非常优秀的倾听者，不管学生说什么，我都不轻易评价，更不会随意给他们贴标签，我只表达理解和赞同、共情和支持，学生就很喜欢与我说心里话。要么我说，学生听。我一定会选择学生喜欢的话题展开，多数时候我只是客观陈述，偶尔也会代入感情，但不会轻易评判学生，学生很喜欢听我"说三道四"。我越是经常与学生闲聊，我就越能与学生同频共振，学生对我就越信任与依赖。

课间是学生的休息时间，大家身心都很放松，我以同学的身份靠近学生，学生才不会对我设防，才能看到我对他们的关心与爱护，才能理解我对他们的严厉与教育。毋庸置疑，只要师生之间建立起一种健康和谐、彼此信任的关系，不论是教学成绩，还是教育效果，都能起到事半功倍的效果。

至于周末，按理说是属于学生的时间，我不便过多干涉。但我始终觉得，学生即便离校了，师生关系也不能就此中断了。可我在周末时间，以一个教练的身份切入到学生的假期生活，学生会领情吗？或者以一个人生导师的身份切入到学生的假期生活，学生会心生喜悦吗？再或者以一个同学的身份切入到学生的假期生活，学生会接受这份羁绊吗？以我对学生心理的了解，这三个问句的答案都是否定的。一个缺乏边界感的老师，是不受学生欢迎和尊重的。

那我以什么身份切入到学生的假期生活比较好呢？学生在学校听我谆谆教导的时间太多了，已经腻烦了。放假了，他们就应该轻轻松松做自己喜欢做的事。我若想被学生接纳，就只能试着去做学生的朋友。

学生在假期里最需要的是什么样的朋友？那自然是能听他们说

话，陪他们玩，即便一句话都不说，也能懂他们此时此刻心境的朋友。

周末我若不外出讲学，就会在班级群里吆喝一声，邀请同学们出来玩。有时我会约学生到外面喝个下午茶，每次我都会向全班学生发出邀请，学生根据个人意愿自愿参与，所有经费由我负责。我外出讲学时，只要时间允许，我一定会买一些当地的特产带回学校让我的学生尝一尝。我跟他们说，这些东西未必符合你们的口味，但至少可以知道这个世界上还有这样一种东西存在，甚至有些人就靠卖这些东西养活自己和家人。透过这些简单的食物，学生会看到各地的风俗人情，懂得生活的不易，从而学会尊重和敬畏人与自然。

当学校开展各项活动时，尤其是校外活动时，我又切换成什么身份了呢？我把自己变成了学生的玩伴。如果我以一个人生导师的身份去跟学生玩，他们肯定放不开，也玩得不开心。此时，我必须放下身段，抛开我的年龄，与学生们打成一片，与他们一起唱，一起跳，一起乐开怀。当我跟学生做玩伴时，我的率性、热情、真诚就流露出来了，我反而不需要任何说教，学生就能从我的反应中吸收到很多正能量，这大概就是言传身教的意义吧。

写到这里，估计有不少读者好奇：与学生相处，班主任可以自由切换身份；那么与家长相处，班主任又以什么身份出现比较合适呢？在此我想真诚地告诉各位，在家长面前，我从未以"老师、督学、家庭教育指导师"的身份出现过。每次带新的班级，第一次开家长会时，我就真诚地告诉家长："我是你们孩子的老师，他们叫我一声老师，我担得起。但你们是成年人，在社会上摸爬滚打各自有一番成就，叫我老师，我不敢当。我的年龄比各位痴长几岁，如果大家不嫌弃，就叫我大姐吧。我一定会照顾好你们的孩子，能在学校解决的问题，决不会推给你们。我一定会体谅你们的难处，理解你们的不易，不会给你们添堵，更不会嫌弃你们的孩子。"

家长们都在社会上历练多年，我如果处处摆出一副给他们讲道理的嘴脸，他们心里肯定是不乐意的。对于家长，老师不负责教导，只负责助力和体谅，这样家长就会非常敬重和配合老师。自然，我的教育效果就会越来越明显，我也才能成为有成就感、价值感、幸福感的老师。

最后，我想说的是，作为班主任，一定要精通教育学和心理学，还要懂一些社会学和关系学。毕竟，班主任的工作主要是跟人打交道。如果不懂人性，不懂得处理人与人之间的关系，不懂得切换自己的身份，也不努力去适应自己的各种身份，就很难胜任班主任工作。

9. 班主任的教育敏感度从哪里来？

@钟老师：我已经当了 10 年教师，其中有 6 年是当班主任。尽管当了 6 年班主任，但感觉我的专业能力一直没有进步。学生群体发生的事情，我都是后知后觉。学生的表情我看不懂，学生的想法我猜不透，学生的行为我不理解……我在很多场合都听到过，班主任要提升自己的教育敏感度，但我不明白究竟怎样做才能提升自己的教育敏感度。

何为教育敏感度？简单说，就是教育者的直觉。具体表述为：班主任能及时感知学生的内在需求，并给予恰到好处的满足、顺势而为的约束，还能敏锐地捕捉到学生群体中的不良苗头，并不露声色地予以清除，更能根据学生的成长规律预设成长过程中那些绕不开的问题，并提前进行干预、化解和规避。

那些教育敏感度极强的班主任，就像拥有超能力一样，处理学生问题就像庖丁解牛，不用花费太多精力就能解决问题。相反，那些教育敏感度弱的班主任，不仅不能提前预判问题的产生，反而在班级出现问题时毫无头绪，不知从何下手。

具体来说，班主任拥有教育敏感度可以给自己的工作带来以下好处：

（1）能提前预知学生问题并进行干预，防患于未然，降低教育成本，提高教育效率。

（2）能敏锐察觉到学生的成长需要，及时满足学生的需求，有利于建立健康的师生关系。

（3）能提前为学生的未来发展做好铺垫，有利于学生持续发展。

（4）能最大限度防止不良事件的发生，做一名从容、乐观，有智慧，有掌控感和价值感的班主任。

既然拥有教育敏感度可以给班主任的工作带来诸多好处，那么，班主任该如何提高自己的教育敏感度呢？

（1）提高观察力。班主任每天进教室，要及时观察班内的情况：看看学生的表情是愉悦的还是愁苦的；看看学生的状态是放松的还是紧张的；看看学生的穿着打扮是干净整齐的还是邋遢随意的；看看学生的精气神是昂扬向上的还是颓靡沮丧的……班主任可以通过长期的训练，练就一双慧眼。比如，当我看到某位学生眼神呆滞，神情沮丧，大概就能看出是哪里出了问题：该生不是关系出了问题，就是需求出了问题。接下来我要做的就是追根溯源，这样很容易把问题的根源提前找出来以绝后患。

（2）提高思考力。班主任在教室里看到什么情况，不要着急做出判断。真相未知之前就下结论，容易判断失误，降低班主任的威信度，后续工作就不好开展了。正确的做法是，班主任把情况看在眼里，记在心里，一出教室门就开动脑筋思考：某位同学今天一到教室就趴在课桌上睡觉，究竟是什么原因呢？是生病了，还是晚上熬夜了？是跟家里人闹矛盾了，还是与同学闹别扭了？是学习遇到困难了，还是考试没考好？提出各种假设之后，先不急着主观归因，而是要深入调查，找到真相，然后对症下药。

一天早晨，我去教室组织学生早读，一向守时且极有礼貌的小振迟到了。他表情呆滞，一言不发，径直走向自己的座位，随后懒洋洋地拿出课本，无力地跟着大家朗读。我一边指导学生朗读，一边偷偷观察小振，发现他心不在焉、神不守舍。下了早读，我拨通了小振妈妈的电话。小振妈妈告诉我，小振近期特别迷恋日本动漫。她觉得小振看日本动漫不仅耽误了学习，而且性情也变得古怪，于是一怒之下砸坏了小振的平板电脑。那么，又是什么原因使得小振迷恋日本动漫呢？小振妈妈也给不出答案。我从小振的朋友圈入手，调查了解到小振之所以迷恋日本动漫，是因为他喜欢二次元画风，喜欢那些虚幻美好的故事情节。而他喜欢这些的深层原因是他在学校的学业成绩不理想，跟母亲关系不和谐。找到原因之后，我立即去小振家里家访，指导小振妈妈如何与孩子建立彼此信任和相互支持的母子关系，又在班上给小振安排了一个"师傅"，对他进行一对一的辅导。小振很快就不再沉迷于日本动漫，而且学习成绩也有了很大提升。

（3）提高表达力。教育敏感度强的班主任喜欢与学生聊天，喜欢问学生问题，也喜欢随时表扬赞美学生。我刚当老师的时候，只喜欢闷头干活，不喜欢与学生交流。每次遇到问题，我都喜欢用"我觉得……我认为……我断定……"这样的句式来进行归因。多数时候我的主观判断都与事实不符，这就导致我与学生的关系日渐疏离，甚至还与个别学生起了冲突，搞得我心情特别不愉快，多次怀疑自己是否能胜任这份工作。

后来，我才发现问题出在我不找学生询问缘由、不扪心自问上，因此我对学生群体中出现的问题就特别迟钝。于是，我开始刻意训练自己的敏感度。每天进教室，我都会问学生："今天你们心情好吗？今天你们学习有困难吗？今天你们希望老师怎么对待你们？"然后再扪心自问："今天与昨天相比，我有哪些进步？今天我能给学生带来哪些精神养分？今天我是否关注了全班学生？"每天不断地向学生追问和扪心自问，不仅使我的口头和书面表达能力得到了很大提高，而且令我的教育认知水平也得到了很大提高，教育敏感度也随之提升。

（4）提高行动力。有时候，班主任千防万防，有些事情还是会发生。对于已经发生的事情，我的态度是，只要不是违法乱纪的事，都不是大事，班主任根本没必要焦虑。出了事情，不管是忧心忡忡也好，焦虑不安也罢，都只是徒增烦恼，于事无补。况且，学生在"安全的试错中成长"本就是非常好的教育机会。我认为最好的办法就是立即采取行动，以解决问题为导向，把该做的工作做好，才能把危害降到最低，甚至直接化解。

比如我班学生大橙，伙同外班同学抽电子烟被年级组长抓了现行。

按照我校的校纪校规，大橙不仅要受到"警告"的处分，我所带的班级在当月文明班的评比中也会被一票否决。大橙抽电子烟被抓已成事实，不论我怎么指责他，这件事情也无法改变，更无法掩盖。我能做的就是让大橙深刻地认识到自己的错误，同时让别的同学引以为戒。

按照我校的惩戒制度，首先，违规学生的班主任必须通知家长到学校签字确认。其次，学校德育处领导还会在升旗仪式上宣读处分决定。再次，还要把处分决定张贴在学校显眼处以儆效尤。

后面两条我无权变通，但第一条请家长一事则由我把控。我知道大橙的父亲是一个很爱面子、脾气粗暴的人。若是把他请到学校来签字，大橙少不了要挨批评。于是我问大橙，是邀请家长到校签字确认呢，还是向家长保密？大橙忙说要保密。我说："保密可以，但你必须向我做出口头和书面承诺，保证以后不再抽烟。如果违反承诺，我直接把你交给你父亲处理。"大橙感激地向我递交了诚信保证书，我也在班上向全班学生客观地陈述了他抽烟的事，并说明这种行为严重违反校规校纪，也向全班学生提出要求——启动实名举报制。我对学生说，举报抽烟行为并非告密，是为了保护同学的健康，属于正义之举。最后，我也向大橙表达了我的想法，我不接受的只是他抽烟的行为，并不会影响到我对他的感情，我坚持对事不对人的原则。自那以后，班级里没有发生抽烟的事情。

我在班主任的岗位上摸爬滚打了30多年，深切地感受到教育敏感度不是先天就有的，而是后天自我训练出来的。班主任若想拥有更高的教育敏感度，首先要多读与教育有关的书，跳出教育看教育，才能看到更多有关教育的真相，对人性，对教育本身才能理解得更深刻。其次，要守住自己的教室，心无旁骛地陪伴学生成长，才能懂得学生的真实需求，及时做出准确得体的回应。做到这些并反复训练后，教育敏感度就会逐渐得到提升。

10. 如何成为有研究力的班主任？

@钟老师：说来惭愧，虽然当了近20年的班主任，但我研究力不高，遇到学生问题不懂变通，当了多年班主任，还一直在原地打转，专业能力未见提高。有些班主任与我有着相同的困惑。苦闷之余，我想或许您可以帮我走出这个困境。请问：如何才能成为一个有研究力的班主任呢？

什么是研究力？简单说，就是发现问题、分析问题、解决问题的能力。作为班主任，为何要提升自己的研究力呢？随着社会的发展，教师要面对的情况日益复杂：教育对象千差万别，教育场景丰富多变，教育范式各执所见。如果班主任不善于发现和分析问题，就找不到问题的真相，无法对症下药，解决问题的能力难以提高，教育效果难达预期，就会丧失对教育的热情和信念。缺乏研究力的班主任，自身发展空间狭窄，很容易产生怀才不遇的职业倦怠感。那么，班主任怎样才能提升自己的研究力呢？

第一，通过写班级教育叙事进行过程研究。回顾我的成长历程，班主任把自己与学生之间的故事写出来，本身就是一种研究。怎么想，怎么做，就怎么写，写完之后进行反思。写作的过程就是发现问题的过程，反思则是分析问题的过程，把这两部分做好了，研究力自然就提升了。

例如，我的学生小民，一出生便被母亲抛弃，父亲常年外出打工。原生家庭的问题深刻地影响着他的性格。他殴打同学，挑衅老师。同事们都对我说这种学生油盐不进，干脆任由他发展好了，可我不愿意放弃他。那么，问题的关键是我怎样才能够转化他，让他走上正途呢？为什么他会成为这样的人呢？我把他与我交往的点点滴滴撰写成文，然后从这些文字中寻找线索，找到问题的真相。果然，当我把他的成长经历，以及他与老师、同学交往的种种情形写出来的时候，我就找到了转化他的方法。

（1）转化"问题学生"需要老师对学生无条件的爱。这份爱，既是接纳和信任，也是懂得和给予。我给予他充足的师爱，才能获得他的信任与依赖。

（2）转化"问题学生"需要老师帮助学生重建正确的价值体系。班主任如何才能帮助学生重建他们的价值体系呢？唯一的办法就是获得学生的信任与依赖。我把这个结论分析出来后，心里一下就亮堂了。我找到了挽救这个学生的方法。

（3）转化"问题学生"需要老师教给学生解决问题的各种方法。一个人，如果他的价值观正确，并且能够应对生活中的各种问题，那么他对自己的人生就有掌控感，进而能找到自己的价值感。

我通过写班级教育叙事，发现了小民身上的问题，也分析出了问题的根源，找到了对症下药的方法，把他拉回了正轨。自那以后，我再也不害怕班上出现"问题学生"了，因为我知道如何去帮助他们，并改正他们身上的缺点，让他们成为更好的人。

第二，通过与学生合作进行行动研究。2015年9月，我接手了一个初三年级成绩最差的班级。原本我是想通过班本课程去唤醒这些学生积极向上的意识，但我发现他们自我认同感非常低，并且有很严重的习得性无助感。

于是，我每天早晨第一个进教室，一进教室就与学生们一起打扫卫生，督促并协助他们收作业，与他们一起早读。学校的所有大型活动，我都与他们一起参加。每天中午，我也早早进教室，用电脑为学生们播放一些励志性文字，比如，"最重要的积极心态就是决心。是'决心'在改变你的命运，而不是环境。""对于达到自己预期的目标要有强烈的成功意图，而不仅仅是计划和希望"……我要求全体学生反复朗读这些励志文字，直到这些文字在他们心中留下深刻的印象，并在潜移默化中产生影响。

就是这些师生共同参与的活动激发了他们内在的潜力。2016年中考，他们的成绩远超预期。关键是，每个学生的精神状态都发生了天翻地覆的变化。

通过这些行动研究，我得出了这样的结论：

（1）班主任一定要为学生创设一种情境，要在活动当中去发现学生的问题。

（2）只有个体和群体之间长期合作，才能有效解决问题。

（3）班主任与学生共同参与活动，要根据活动的效果不断调整策略，以达到最佳效果。

我有行动，有分析，有结论，并且有效果，这就是研究。我把我的研究过程用文字的形式呈现出来，这就是成果。如此一来，我的研究力也就越来越强了。

第三，通过做课题来提升自己的研究力。有些班级的成绩起初很不错，可是升到毕业班时，却变成了差班，这是什么原因呢？

根据我多年的接班经验，我认为出现这种现象主要是因为很多班主任缺乏底层逻辑。带起始班级时，抓不住核心问题，没有自己的带班规划，也没有刻意为学生的成长做铺垫。所谓"万丈高楼平地起"，地基没有打牢，高楼怎么能建得好呢？建房子如此，班级建设也如此。人的成长具有不可逆转性，班级的成长也很难推倒重来。

由于我在工作中看到太多因为班主任经验不足、布局不足、做法不当，把起始班级带到岔路上的例子。于是我就想：为什么不组织一批经验丰富的班主任，针对中学阶段班级建设的特点以及青春期学生的成长规律，从专业带班的角度来深入研究起始班级的带班策略呢？

于是，我申报了省级课题"中学起始班级高效带班策略"，带着我工作室的成员进行了为期三年的研究，终于形成了系统而专业的"中学起始班级高效带班策略"。我坚信，哪怕是刚参加工作的班主任，只要能按照"中学起始班级高效带班策略"这个课题的研究成果按部就班做实、做到位，这个班级就一定能蒸蒸日上。

我根据起始班级的建班特点和时间节点，把必须要做的任务细致地分派到各周，这样总共有20周的任务需要完成。同时，每周我都安排了相应的研究者对每一项任务进行研究。研究要求是：策略必须落地，必须有效且可操作性强，必须能为学生的成长做铺垫，必须让班主任容易上手。

比如，开学第一天，学生刚刚到班，对新班级和新学校一点都不熟悉，那么这个时候，班主任可以为学生做些什么呢？缺乏经验的班主任往往就会胡子眉毛一把抓，自己讨累不说，新入班的学生还可能因为感觉中学生活很不美好，进而产生胆怯心理。

针对此种情况，我带着我的研究团队反复调研，进行多次头脑风暴，并结合资深班主任的带班经验，确定了"开学第一天一定要完成的五件事"这样一个研究小课题。

这个小课题给所有班主任提供了五件事的具体做法。比如"校园一游"，针对谁带着游，如何游，游什么等问题，小课题中都做了具体的安排。再比如，告知学生学科老师的相关信息，班主任需提前收集学科老师的信息，包括性别、民族、籍贯、电话号码、教学能力、工作态度、为人处事风格等。

我把日常工作当中的问题变成了研究课题，不仅提高了我自身的研究能力，也推动了工作室成员的进步。更重要的是，我们的研究成果为班主任带去了化解难题的钥匙。这就是课题研究的价值所在。

作为班主任，埋头苦干很重要，观察问题、分析问题、解决问题、总结规律，这些能力也很重要。

提升研究力，做到科研带班。这种带班方式既专业，又省力，还有效果。我认为，这应该是每位班主任毕生追求的教育境界吧。

第二辑 提升班主任的管理力

11. 班主任如何应对学校管理中的扣分策略？

@钟老师：我所在学校实施的是精细化管理。精细到什么程度呢？学生排队讲话扣分，校服不拉拉链扣分。文明班级评价体系中只有扣分，没有加分。此种情况下，班主任如何调整心态和教育学生呢？

被誉为"科学管理之父"的泰勒，在1911年出版了《科学管理原理》一书，这是世界上第一本关于精细化管理的著作。泰勒在书中提出了4条科学管理的原理：

第一，经验的总结与吸收。它所要达到的目的：一是对工人经验加以归纳总结，体现实践性，以避免空泛的理论；二是编为规则后，个人经验不再是工人工作的原则，用规则使工人的活动统一化、规范化。

第二，人才的发现与培养。不同的工人有不同的特点，也有不同的性格。管理者要留心观察，了解每个工人的性格，发现其优点，为每个工人制订合理的发展计划，并通过各种手段帮助其完成计划。这样做既可使工人成长，又可为工厂带来效益，减少资源浪费现象。

第三，人才的科学选择与科学培养。为每个工人选择发展计划并按计划培养，需要坚持运用科学的方法。

第四，团体合作，强调制度。工厂的事是雇主与工人共同的事，因为这与他们的切身利益密切相关，所以需要双方共同协作。工厂的规章制度一旦制定，就要认真履行，以减少不必要的麻烦。

20世纪50年代，日本企业将泰勒的科学管理理论引向深入的基本思想和管理模式，这是一种以最大限度减少管理所占用的资源和降低管理成本为主要目标的管理方式，也就是所谓的精细化管理。具体内容就是落实管理责任，将管理责任具体化、明确化，力求使每一个管理者都要到位、尽职。第一次就把工作做到位，工作要日清日结，每天都要对当天的情况进行检查，发现问题及时纠正、及时处理，等等。

为什么学校里很多中层管理者都热衷这种"只扣不加"的管理方式呢？因为简单、省时、省心。如果学生拒不执行呢？那就要被扣分。即使学生自己不在意分数，班级里的其他同学肯定在意，甚至会群起而攻之。班主任也会批评被扣分的学生。这样一来，学生就老实守规矩了，管理的效果就出来了。

这当然是学校管理者的一厢情愿。教育若有这般容易，何必古往今来的教育工作者在历史的长河里辛苦摸索？

我个人的态度是，如果你觉得学校的管理制度确实存在问题，自己又有非常科学的管理方法，并且学校领导善于听取意见，那你就带着自己对学校管理制度的改进方案，真诚地告诉领导，你有一套行之有效的管理策略，请领导定夺。

以我的经验来看，领导们一看你的管理方案既科学，又有效，并且执行起来很容易，一般会采纳你的方案。如果你提不出更合理的管理方案，那就做个服从型班主任。

我所在的学校没有提倡精细化管理，但德育处和年级组也制定了不少管理办法，也是从学生"剪头发、穿校服、戴领巾、搞卫生、做两操"等日常方面来进行管理的。表现不好的班级，也会被扣分。不同的是，我所在学校的制度比较灵活，表现不好要扣分，表现好则可以加分。因此，学生在某个方面表现太差扣了分，班主任也不会过分责备，而是鼓励学生找机会把分再挣回来。有一次，我们班的卫生组长没有及时倒垃圾，被扣了1分，班上的学生当时有些沮丧，但他们很快就平复了心情，因为他们做室内操时表现出色加了1分，后来又乘胜追击，连续几天早读都表现出色，加了不少分。

文章开头提到的这位班主任，完全可以向管理者提出建议，在扣分项的基础上，再制定一些加分项，让学生有机会为自己的失误翻盘，这样他们才不会破罐子破摔。

如果不敢或不想提的话（必须要承认，有的教师缺乏被讨厌的勇气），那就另寻他途，淡化学校的不当管理，为学生的成长助力。可以采取以下几点措施：

第一，采用定点定人的管理办法。班主任把学校管理的每个点都划出来，比如排队、穿校服、戴领巾、穿礼服等。每个点安排专人管理，时常关注，随时提醒。

第二，瞄准重点，精准管理。一个班级，不可能所有的学生都不按学校要求行事。班主任可以借助学生干部的力量，把那些常常被扣分的学生找出来，安排专人实施精准管理。这样一来，问题就会迅速减少。

第三，制定班内的奖惩措施。既然学校有罚，班级也应该有罚，顺理成章。但除了罚以外，还要有奖。比如，学生连续三周都没有因为违规扣分，可以奖励一张奖状，也可以颁发荣誉勋章，奖励的形式没有固定模板，可以多种多样。总之，奖励的目的是要在班上形成一种正向的反馈。

第四，接受学生的偶然失误。有些时候，学生不拉校服拉链，纯粹就是忘记了，不是有意为之。这种时候，班主任要适时安慰学生，既然分扣都扣了，以后小心注意就行了。就算是学生故意违规造成班级扣分，也不要大发雷霆，学生这么做肯定是有原因的。这个时候，班主任应该心平气和地与学生交流，找到问题的根源，再对症下药，解决问题。

最后，我想要说的是，班主任不必在这些细节管理上纠结。学校要管理就配合管理吧，通过管理把学生的行为习惯培养好，让学生知道守规矩就是对自己最好的保护，让他们获得权利与义务并存的正确认知，这是多好的一件事！同时，班主任对管理者反馈的结果也要看得开。学生们表现好，没有被扣分，那就表扬他们，一起庆祝一下，表达一下喜悦的心情。学生们表现不好，被扣了分，也不要因为此事就伤心难过，而是鼓励他们接下来要好好表现。

当一个学生与老师及其他学生都建立了良好和谐的关系，在班级里就有归属感和安全感，怎么会不爱自己的班级？怎么会不在意自己老师的感受？如果学生各方面都表现良好，与同学关系也很融洽，还是不爱班级，不在意老师的感受，那就一定是老师的问题而非学生了。

12. 学生吸烟，班主任怎样处理才妥当？

@钟老师：您好！我今年带七年级，开学初我就制订了一个"赢在首月"的计划，强调班级秩序，实施人性化管理。没想到，9月底，突然接到同学举报，说班上有同学吸烟，是两个男生和一个女生。其中一个男生是留守青少年，他说自己吸烟的原因是为了缓解对妈妈的思念。听完之后，我还挺心疼这孩子，但他的这番话也不可全信。后来，我把问题反映给他们的家长，几个学生的家长都特地从外地赶回来，积极配合我的工作。女生刚开始不承认自己吸烟，经过几轮沟通之后，她终于说出实情：她吸烟已经一年多了，是跟小学同学学的。这位女生的家长怎么也想不到，自己12岁的女儿居然学会了抽烟！我的问题是：我需要怎样跟这几个学生以及他们的家长沟通，才能确保他们不再吸烟呢？

青少年抽烟严重危害身体健康，我特别不赞成。自我担任班主任以来，为了劝阻学生抽烟，可谓是煞费苦心。虽然控烟效果不错，但真的很难做到完全杜绝,也很难确保学生不再抽烟。但不管多难,班主任都要把控烟当作大事来抓。从生命教育的角度来讲,保护学生的生命健康是最重要的事情。

早些年,学生抽的都是纸烟,抽完后烟熏味道浓,很容易被发现。而且女生对抽烟行为比较抗拒,会积极告发男生的抽烟行为。可近几年,情况与之前大为不同了。2021年10月,复旦大学健康传播研究所发布的《电子烟营销及对青少年健康影响研究报告》显示,在被调查的青少年中,有近半数在13~15岁开始吸电子烟,最受欢迎的口味是水果味。从这份调查报告中不难看出,有很大一部分学生抽电子烟,且喜欢选择水果味的电子烟。在青少年群体中,有相当一部分电子烟的使用者是女孩。

电子烟相比纸烟,烟熏味道减弱,加上外形设计很酷炫,很多不抽烟的老师根本认不出来。尤其是女性班主任,几乎对电子烟没有任何了解。一些不法厂家为了牟利,非法生产各种口味的电子烟,设计各种酷炫的外形,不少小摊贩向学生大肆兜售电子烟,这就导致学校控烟难度越来越大。

不管控烟多难,学校都应该有所作为。学校可以与当地派出所结盟,双管齐下,切断电子烟来源。制定控烟措施,比如请医生给学生讲解吸烟的害处,让学生参观因抽烟而受损伤的器官标本或者图片,从而让学生深刻认识到抽烟对身体的严重危害。

事实上,不管学校的控烟制度和策略有多么完美,最终执行的都是班主任。也就是说,控烟这个重任最终还是落到班主任的头上。那么，班主任发现学生的抽烟行为后，该如何处理呢？

我的态度就是"公事公办，小事化大"。第一，不管学生抽烟的理由是什么，抽烟的行为一旦发生，都要对这个行为进行处罚。班主任此时万不可心软，也不要为了面子隐瞒学生的抽烟行为，而是要上报学校德育处，按学校的规章制度来处理。这虽然看起来有些绝情，但是抽烟的行为不同于其他一般的违规行为，只有严肃处理才能让学生悬崖勒马。有些学生自控力差，给他们讲抽烟行为有害，他们不以为然，如果他们因抽烟而受罚，他们就认真对待了。

第二，通知抽烟学生的家长，切断抽烟的资金和香烟的来源。学生抽烟了，班主任最多也只能从抽烟有害健康的角度给学生讲道理。但家长就不一样了，讲完道理，如果孩子还不听，可以采取一系列措施，甚至切断孩子的资金来源。

最后，班主任还要在班上公开批评抽烟学生的行为。既然批评的是行为，班主任批评的就只能是行为本身，而不是学生本人。具体怎样批评才有效呢？下面举一个我班学生抽烟被级长抓现行的案例，老师们可参考我的批评模式。

大橙因好奇心作祟，伙同外班同学躲在教学楼五楼角落抽电子烟，被级长抓住。大橙因此被学校德育处进行了警告处分。我们班也因此被连累，在当月文明班级评比中被一票否决。那么，我该如何批评大橙，才能既让其他同学引以为戒，又能达到促进他成长的目的呢？

大橙抽烟被级长抓了现行，按照我所在学校的规章制度，大橙就要被级长连番教育，被德育处警告处分，相关综评观测点不达标，还要请家长到学校签字确认处分决定。被家长签字确认的处分决定还要在全校升旗仪式上由德育主任宣读，宣读完毕后张贴在年级公告栏。除此之外，我所带的班级还要受到在当月文明班级评比中一票否决的连带惩罚。

既然大橙的抽烟行为受到了学校的公开处分，我也没必要为了给他留面子而私下处理了。我必须趁机以批评大橙为由头，敲打班上其他想要抽烟的学生，把他们的好奇心扼杀在萌芽状态。于是，升旗仪式结束后，我当着全班学生的面公开批评了大橙抽烟的不良行为：

（1）客观陈述过程：同学们，刚才升旗仪式时，你们已经听德育主任宣读了学校对大橙的处分决定。我想，你们心中肯定有各种猜想，我在此再将事情经过陈述一下。周二上午大课间，大橙与二班某位同学在教学楼五楼的角落抽电子烟，被级长逮了个现行。级长向我反馈了整个事件的处理流程，我对此没有异议。

（2）真诚表达感受：根据学校的违纪处罚条例，大橙被警告处分，相关综评观测点不达标；我们班本月文明班级的评比也被一票否决。不论是大橙个人受到处分，还是我们班级付出代价，我心里都特别难受！这说明我的工作没有做到位，对同学的关心和了解也不够，我很惭愧！

（3）坚定表明态度：对于大橙抽烟的行为，我作为班主任坚决不能接受，我也不希望看到我们班有其他同学再犯同样的错误。

（4）提出合理建议：抽烟有害健康，这已经是人人皆知的基本常识了。从现在开始，咱们班同学要互相监督，同时启动实名举报机制。

（5）释放感情：我特别要说明，大橙虽然犯了严重的错误，但这并不影响我对他的感情。我不会因为这件事而对他区别对待，我也相信大橙以后不会再犯这样的错误。

（6）迅速翻篇：这件事，我希望到此为止，以后就翻篇了！希望大橙以及其他同学不要再抓住这件事不放，今后大家说话也不可揭短。

我说这番话时，语速缓慢，语气沉重，表情严肃，但自始至终没有对大橙的抽烟行为进行价值判断，也没有释放任何非理性的情绪，言辞之间充满了真诚与期盼。大橙始终低着头，看得出来，他很难过，也很惭愧。至于其他同学，都默默地听着我陈述。但我知道，他们心里有庆幸（庆幸自己没抽烟），也有抱怨（抱怨大橙抽烟连累班级和老师），还有暗下决心（告诫自己今后一定不要抽烟，被学校处分，被家长知道确实是一件很糟糕的事情）。事实上，大橙并没有因为我的批评而怨恨我，其他同学也没有效尤。自那以后，我们班没有学生再抽烟。可能有老师会说，自己也差不多是按我的方法做的，但是效果却差强人意，为什么自己的学生就没这么听话呢？

其实，处在这个年龄阶段的学生，大都比较叛逆。我只是在批评了大橙后，还接着做了好几件与控烟有关的事情。

第一，我私下找学生了解了学校周边有哪些商贩在悄悄贩卖电子烟，我们学校的学生一般在哪些地方扎堆买电子烟。然后上报学校并告知家长，请学校领导出面切断电子烟的源头，请家长监督自己的孩子。

第二，我专门开了一个家长会，请家长合理控制孩子的零花钱数额，并经常询问孩子零花钱的用处，最好给孩子准备一个账本，让孩子记下收支账目，以便家长查验。

第三，我安排学生观看了肺癌患者肺部的相关图片，直观的图片让学生们认识到抽烟的危害。

第四，我还请专业医师从专业的角度给学生们普及抽烟的危害性。

第五，我实施了实名举报制，且举报有奖。关于这个实名举报制，我特意向学生做了解释，实名举报抽烟行为不是告密。告密是为了达到自己的目的而出卖别人，是背叛行为。实名举报抽烟行为不是为了自己的利益，而是为了对方的身体健康，是正义之举。不过，我要特别提醒各位班主任，即便学生在心里接受实名举报并不是告密行为，但若是自己遭到了他人举报，心里难免还是充满怨恨的。因此，班主任一定要保护好举报人。

学生的抽烟行为确实很难杜绝。即便我做了很多工作，明面上，我的班级内确实没有抽烟的学生，但我又怎能保证学生不会在其他场合抽烟呢？还有，尽管我开启了实名举报制，并且还有奖励，我又怎能保证每个学生都愿意实名举报呢？但不管结果如何，班主任都不应该放弃希望，不应该放任不管。我坚信，班主任主动干预了，真心付出了，过程做好了，学生抽烟的行为即便无法杜绝，也会越来越少。

13. 班干部不给力，甚至辞职怎么办？

@钟老师：班主任给班干部安排的任务，他们经常不能保质保量完成，还有不少班干部总是想辞职，这种情况该如何解决？

为什么班干部总是想着辞职？据我的经验判断，班干部辞职的原因无非有以下五种：（1）主观上对当班干部不感兴趣，干着不得劲；（2）客观上干不好管理工作，干着不开心；（3）当了班干部后触犯了一些同学的既得利益，干着得罪人；（4）当班干部耽误时间，影响自己学习，干着没好处；（5）当班干部要起带头作用，要处处约束自己，干着不自由。

那么，班干部经常不能保质保量完成班主任安排的任务又是什么原因呢？主要原因还是能力和职务不匹配，不懂管理，缺乏执行力，不敢得罪人。一个优秀的管理者，首先要具有强烈的掌控欲望；其次要具有很强的的管理力和执行力；再次是拥有强大的内心，不怕得罪人。次要原因是班干部根本没有弄明白自己当班干部究竟是为了什么，很多学生当班干部是为了证明自己比别人厉害。

班主任在培养班干部之前，一定要把"人的特点和需求"搞明白，选出与管理岗位相匹配的学生，这样才能建立一支管理能力和稳定性都很强的班级管理队伍。那么，班主任具体怎么做才能达到预期目的呢？

第一，选对人。什么是对的人？就是那种在主观上很想当班干部，客观上又具有一定管理潜力的学生。主观上是否想当，只需要做个调查就能了解情况。至于客观上是否具有管理潜力，班主任可以从主动性、执行力、自控力、威信力、学习力、上进心、平衡力、规则意识等方面进行考查，只要考查的结果在中上水平就可以培养任用。

在此，我要特别提醒大家，不是所有的学生都适合当班干部。如果不承认这一点，就是在忽视个体的差异性。有些老师或许会说，这样一来，是不是就把有些学生的管理力给扼杀了呢？是不是就剥夺了部分学生的成长权利了呢？其实这完全是两码事。不适合当班干部的学生，可以做科代表、小组长或者普通的财物管理员。这些岗位一样可以锻炼学生的管理力。有些学生，每天都沉迷在阅读和刷题中，他们不愿意做班干部，班主任也要尊重他们的意愿。我在上学的时候，不愿意做班干部，因为我觉得埋首书中才能找到自己的价值感和存在感，我想要的不过是潜心读书带来的充实与快乐。工作之后，我也不愿意当领导，不是因为我缺乏管理能力，而是我只有在教书育人的过程中才能获得快乐。写点文章，读点书，当一名普通的老师，这就是我想要的生活。

人选对了，管理团队的建设就成功了一半。但如果只是把人选出来，班主任撒手不管，任由班干部自行发挥，那么班干部辞职，或者不作为、乱作为就是早晚的事情了。因此，人选出来之后，班主任还要下大力气培养班干部的管理力。

第二，培养人。精心选出来的班干部，班主任如果不加培养，就指望他们能独当一面，这就好比组建了队伍，不进行训练就拉上战场，还指望他们打胜仗。取胜的可能性究竟有多大？大家都心知肚明。班干部队伍组建后，班主任需要怎样培养，才能培养出一支精锐的班干部团队呢？

（1）理论性培养。理论性培养就是告诉所有班干部：为什么要进行班级管理？班级管理是什么意思？什么是领导？如何理解管理力？一个拥有管理力的人在未来职场更容易获得哪些好处？这些理论不用说得太深奥，用学生能听懂的语言简要说明即可。

为什么要进行班级管理？因为我们班的同学还没有形成自我管理的能力，需要外部力量对他们的言行进行提醒和督促。

班级管理是什么意思？班级管理是以班级内所有同学健康成长为目标，在班主任的组织和班干部的参与下，制订合理的管理计划和策略，组织大家参与，指导大家改进，对不良行为进行控制的过程。简单说，就是协助班主任把同学们引导到"越来越好"的人生路上所做的一切事务。

如何理解管理力？简单说，就是管理人和事的能力，一般是通过后天训练而拥有的能力。

可能有些老师会说，这样教出来的学生会不会很功利？我教出来的学生，不可否认，有个别功利的，但更多的则是"脚踏大地，仰望星空"的踏实善良之人。

（2）方向性培养。学校对班级有什么要求，从哪些方面考核，班主任必须弄清楚。自己对班级建设有哪些设想，希望班上每个学生成为什么样子，班主任也要深思熟虑。然后根据学校的管理要求，以及自身带班的理念，设置相应的管理岗位。每个岗位需要落实什么管理任务，必须条分缕析地罗列出来，打印出来分发给班干部，让他们自行解决。班干部若有不理解的地方，班主任要亲自指点。方向性培养的目的就是要求每一位班干部彻底搞清楚自己担任这个职务后，究竟要做些什么事情。不越位，不过界，守住自己的位置，把自己的事情做好即可。下面附我所带的"少侠一班"体委岗位的职责要求：

①组织同学按时参加集会、升旗仪式，并负责点名、考勤。

②带领同学上好体育课，协助体育老师管理课堂纪律，提高班级体育成绩。

③组织班级同学开展小型体育活动，组建班级篮球队以及其他活动队伍。

④负责校运会的组织动员工作。

⑤负责保管班级的体育活动用品。

⑥负责提醒、制止同学的不当体育活动，如在教室玩篮球等。

（3）实操性培养。实操性培养就是培训班干部怎么做。即使班干部知道自己该做什么，未必就能做好。为确保班干部顺利开展工作，班主任必须手把手教他们如何进行有效的管理。这就需要班主任对班干部进行现场培训，或者一对一培训。比如，班干部管理课前纪律，未经训练的班干部一般是这样管理课前纪律的：站在讲台上，简单粗暴地吼叫，甚至还会冲到吵闹的同学身边，做出攻击状。如果班干部身高体壮，嗓门大，威信高，这种简单粗暴的管理方式有可能会立竿见影。但如果是女孩子，嗓门细，即便吼得声音嘶哑，下面的学生也未必配合。这个时候，班主任就要对班干部进行现场培训。

培训时，班主任切忌对班干部说这样的话："你的管理效果太差了；你的做法太没用了；你这班干部也太没威信了；你就是这么当班干部的呀；你简直是在乱整啊……"而是要这样说："你刚才的做法也不错，不过还有绝招，老师现在就教你。"

"第一步，站上讲台，两脚与肩同宽，腰背挺直，目光炯炯，表情严肃，嘴唇微抿，脑子里默想两句话：风吹雨打不弯腰，泰山压顶不动摇。这样容易产生坚韧不拔、雷霆万钧的气场。

"第二步，等到教室里安静下来，再用目光扫视全班同学。目光要从每位同学脸上快速扫过，不要停留。这就叫不怒自威，含而不发。

"如果觉得这样气势还不足，可以配合附加动作，比如叉腰，或者'暂停'手势，用肢体语言把管理的意念传达出来。"

通过我的分析大家应该明白，班干部不作为或者辞职，问题的关键不在学生本人，而是班主任事先没有进行全面统筹规划，也没进行意愿评估，更没有进行专业培训。班主任把队伍组建起来后，把一堆活扔给班干部，他们完不成自然会消极应对或者闹辞职。不论是成年人，还是未成年人，对于他们心甘情愿做的事，并且能轻松做好的事，他们都会表现得很积极，并且能够保质保量完成。

14. 学生小动作频繁且屡教不改怎么办？

@钟老师：您好！自从认识您之后一直在向您学习，感到收获颇多。近来用您教的沟通技巧和学生们沟通，收到了很好的效果。我在广州一所学校担任七年级的班主任。我的班上有两个学习基础很差的学生，总喜欢在同学之间搞点小动作，比如说碰一下A同学，打一下B同学，往往是打闹着打闹着，就真打起架来了。我好好跟他们沟通后，过几天他们又恢复原样。还有，这两个学生上课的时候不是嘻哈打闹影响课堂秩序，就是一动不动地坐在座位上发呆，也不学习。钟老师，如果您班里也有这样的学生，您会如何教育呢？

我带班30来年，各种调皮的学生都遇到过，但没有一个学生因为当初表现不良，长大后就变成了坏人，也没有一个学生因为当初学习不好，长大后就一事无成。每个学生毕业之后都能在社会上安身立命，很多学生还给了我莫大的惊喜。因此，我对学生在成长过程中表现出来的不良行为，既积极主动帮忙矫正，又心平气和等待学生自己改正。

学生成长的时间节点未到，老师就算急成热锅上的蚂蚁也无用。但是这不代表我就支持放任不管的做法。不管学生多难管，他们的不良行为多么反复无常，学习成绩多么差，班主任对这种学生都要不离不弃。

首先要学会接纳学生本来的样子。比如前文班主任说到的那两个七年级的学生，学习基础很差，喜欢搞小动作，甚至还打架，上课要么嘻哈打闹，要么坐着一动不动。这就是他们原本的样子，班主任若不接纳，就会恨铁不成钢，还会因此产生焦虑情绪。事实上，很多班主任都能接受学生的不足，并在他们身上花费不少时间和心血。但也有一些班主任不能接受学生的缺点。学生若有所进步，班主任心中甚是欢喜，觉得很有成就感。学生若有所退步，班主任心中便会无比苦恼，甚至产生自我怀疑。这种患得患失、或喜或悲的心情很容易产生职业倦怠感，对班主任个人的职业发展很不利。我现在所带的"少侠一班"，有两三个男学生，从初一到初三，都在不断地惹是生非。有时惹得我哭笑不得，有时惹得我怒不可遏，有时惹得我无言以对，但我始终没有放弃他们，也没有用有色眼镜看他们，更没有对他们的行为进行道德评判。因为我知道这个年龄阶段的孩子出现这样的行为很正常。我相信，只要我不放弃他们，即便我什么都不做，两年后的他们也会比现在好很多。

其次要学会分析学生产生不良行为的原因。一个学生就好比一个故事，故事的背后一定有真相。因此，班主任一定要走进学生的生命场域，全方位地了解学生。比如某位学生的学习基础很差，班主任就要向其家长了解该学生的学习态度和行动力，向其小学老师了解该学生的学习能力和学习方法。造成学生学习成绩差的原因有很多，有些学生记忆力差，大脑反应慢，成绩差是智力水平低造成的。有些学生家庭关系不睦，父母疏于管教，成绩差是家庭原因造成的。有些学生从小生活在衣来伸手、饭来张口的溺爱之中，成绩差是错误的教育方式造成的。有些学生懒散拖拉，沉迷网络，成绩差是家长管教无方造成的。有些学生不善于交往，在学校没有朋友，成绩差是个性孤僻造成的。造成学生成绩差的原因林林总总，难以尽数道来，需要具体情况具体分析，比如我的学生小A，成绩在初一时就很差，到了初三，不仅没有进步，还更差了。是他脑子不聪明吗？他脑子蛮聪明的。是他叛逆吗？他其实是个很温顺的学生。是他同学关系差吗？他在班上还有不少好哥们。造成他成绩差的根本原因，是我无法解决的。他年幼最需要妈妈在身旁陪伴时，他的妈妈却因为要照顾自己的母亲，顾不上管教他。小A的爸爸初为人父，妻子又离开他去照顾自己的母亲，根本就不懂得如何做父亲，孩子稍有不对，就打骂一番。母爱的缺失，父亲不当的教育方式，让小A对亲生父母没有多少感情。小A进了我的班级之后，我了解到这些情况，想尽各种办法去修复他与父母的关系，眼看着情况有了好转，谁知道小A的母亲得了重病。从那以后，小A的母亲就一直在医院治病，他的父亲则单位、医院、家三个地方来回奔波，小A还有两个妹妹。母亲无力管他，父亲无心管他，小A有空就上网冲浪，无心学习。他的学习基础本来就不好，这样一来，成绩就更差了。值得庆幸的是，小A母亲的病情得到了控制，身体也在慢慢恢复。像小A这样的情况，我能做到的，就是与小A共情，理解他，包容他，对他的不良行为进行点到为止的矫正，竭尽全力帮助他，然后拿出充足的耐心等着他慢慢长大。就目前的情况来看，小A的成绩考上高中确实很难，但以他的能力去学一门谋生的手艺没有任何问题。

如果我不懂得分析学生行为背后的原因，就不能找到学生表现不良的真相。前文班主任班上的两个学生喜欢打闹，属于正常行为。毕竟他们才上七年级，这个年纪的孩子好玩、淘气，自控力差，规则意识还没有完全形成。应该说，这两个学生的心智发育也比同龄孩子晚一些。他们的行为虽不提倡，但他们的行为动机老师们需要理解，他们的自尊心需要呵护，他们的成长也需要老师的耐心引导和陪伴。

再次要给予学生恰当的帮助。学生产生问题的原因找到了，班主任要对学生的不良行为进行适度的干预，不要怕学生反复犯错。教师的工作，就是帮助学生解决问题。前面说到的两位学生，喜欢跟同学打打闹闹，然后就打起架来了。这说明孩子渴望与同学玩耍，但不懂得玩耍的尺度，缺乏身体的边界感。班主任就要耐心地告诉学生，同学之间打闹没有问题，但说话的时候要注意分寸，不能说难听的、不礼貌的、让对方不能接受的话语。正如前文班主任所说，与他们好好沟通后，过几天又恢复原样。这个现象不奇怪，心理学上叫作"稳态"。打破"稳态"需要时间，也需要老师的耐心引导和其他同学的督促。学生"旧病复发"，班主任"开药治疗"即可，大可不必生气。沉疴痼疾哪能是一两副药就可以治愈的？此时，班主任需要拿出专业理性与职业爱心来包容学生的过失。

我还有一个建议，那就是给这两个喜欢打闹、上课不说话就无事可做的学生安排一些力所能及的任务，最好是能让老师及时看到，并及时反馈的任务，比如为班级复印各种资料，给班主任做教学助理，做收发作业的小组长等。学生只要有正事可做，能从中找到成就感和价值感，还能及时被老师看见和表扬，就会变得遵守课堂纪律，认真听讲，从而慢慢改变自己。

最后我还要补充一点，那就是班主任一定要有爱心。这个爱心我称之为"职业爱心"。作为一名老师，你要有很强的容错意识；你要随时看见你的学生，并给予正确的回应；你还要读懂学生的心思和需求。老师对学生的爱，不是无原则的迁就，也不是无节制的夸赞，而是能读懂他们的心理，给予他们需要的爱与关怀。

15. 班主任尽力了，但学生就是不听怎么办？

@钟老师：我今年带初一，教龄 14 年。我现在有一个困惑，就是我现在所带的班级纪律较差，学生的学习动力也不足，可我觉得自己已经很努力了，该叮嘱的、该教育的都去做了，但学生就是不听，我也没什么办法。请问钟老师，如果要改变班级当前这种状态，我该从哪里入手行动呢？

这些年来，我教过农村学生，也教过城市学生；教过私立学校，也教过公立学校；教过学习力很弱的学生，也教过学习力超强的学生；带过闹腾不休的班级，也带过一潭死水的班级；带出过学业成绩拔尖的班级，也带出过学业成绩中等的班级。我发现，即便是学业成绩特别优秀的学生，学习动力不足的也为数不少。至于班级纪律，如果没有班规约束，又缺乏班主任的外部管理，基本上都不容乐观。也就是说，一群初中生，只需要班主任殷切期望，殷殷叮嘱，动之以情晓之以理，然后就能在成长路上一路花开、高歌猛进，基本上是痴人说梦。

老师们大都认为，一对关系和睦有爱的夫妻，营造出和谐稳定的家庭氛围，他们的孩子就会很优秀。事实上，我接触过很多这样的夫妻，他们的确把家庭氛围营造得幸福和谐，对孩子进行的都是正面教育，孩子的身心都很健康，但并非每个幸福家庭的孩子都积极上进。有时候我很纳闷，为什么和睦有爱又有责任感的夫妻却教不出积极上进的孩子呢？经过我的反复观察和走访，我找到了这些家庭的共性：

（1）只有说教，没有管束。很多父母都给孩子买了手机，他们也知道过度玩手机对孩子的成长不利。因此，他们每次见到孩子玩手机时，都会苦口婆心地给孩子讲道理，玩手机对眼睛不好，对睡眠不好，对学习更不好。父母说的这些道理都对，但就只是说说而已，没有落实到有力的管控上。这些道理，孩子听得耳朵都起茧子了，于是他们就直接屏蔽父母的说教。有些父母就不同了，手机给孩子买回来后，明确告知孩子：周一到周五，手机必须上交父母管理，周末白天手机自己掌控，前提是各科作业必须按质按量完成，晚上手机必须上交。如果违反这些规定，就意味着自控力还没形成，父母就收回孩子周末白天手机的使用权。现在有不少孩子拥有手机，父母也没有对此进行管束，导致孩子晚上三四点还在发动态、刷动漫，或者看网络小说，这样怎么会不影响学习呢？

（2）只有叮嘱，没有要求。我也经常遇到这样的父母，与他们交流孩子在学校的表现时，但凡涉及孩子的不足之处，家长都会很委屈地说："我天天都叮嘱孩子，叫他要尊敬老师，要认真听课和完成作业，要与同学搞好关系……"要这样，要那样，唯独没有具体的要求。有些家长还特别不能理解，我叮嘱孩子要听话时，他都答应我了呀，怎么就做不到呢？然后我就问家长，你对孩子有没有提出具体的要求呢？比如每次考试各科要考多少分；年级名次要排在哪个位置；在学校不尊敬老师，不善待同学，要接受什么惩罚。家长听我这么一说，往往会愣一阵才回答我："我对孩子也没啥要求，就是不学坏，高兴就好。"既然如此，还能奢望孩子取得多大成就呢？其实那些优秀的学生，除了极个别天资过人，绝大多数都是后天努力的结果。

（3）只有希望，没有帮助。很多父母都会对孩子说："我希望你能考上名校，我希望你能有美好的未来，我希望你能够超过我，我希望你的人生可以过得自由自在……"希望之后，再无后文。只留下孩子独自纳闷，我要怎样才能考上名校呢？我要怎样做才能有美好的未来呢？我要怎样才能超过我的父辈呢？但是，我现在每天该吃吃，该睡睡，还有手机玩，已经很自在了啊，我还需要什么呢？无论父母对孩子抱有多么美好的希望，在孩子还不具备自生长的能力之前，缺乏有效的帮助，再多的希望也会化为泡影。

我特地花这么多笔墨来陈述有些幸福家庭教不出积极上进孩子的例子，并非离题，而是想做一个类比。只有"说"和"想"的家庭教不出积极上进的孩子，同样，只有"叮嘱"和"希望"的老师也教不出积极上进的孩子。

班主任若想使所带班级纪律好，学生爱学习，不仅要有叮嘱、教育，还要有明确的干预和训练，更要有科学的学法指导。

学生为何不守纪律？除了部分学生规则意识很差之外，主要原因还是缺乏有序的训练和严格的管理。下面以我带的"少侠一班"为例，讲述一下他们七年级时，我是如何进行训练和管理的。

　　七年级刚开学的时候，我就用坚定、不容置疑的语气告诉他们："我是一个对自己和学生都有要求的人，我要对每个学生的成长负责，决不容许任何一位同学扰乱班级纪律，当然，我也决不会容许自己无视学校纪律。"

　　班主任是班级建设的领头人，在管理这一块，必须要有钢铁一般的意志，必要时也要态度强硬，但不可以粗暴蛮横。态度摆出来了，行动也要跟上。课前、课中、课间时间，都可以训练学生遵守纪律的意识。只要发现学生有轻微的躁动，我就会喊："123，停！"喊的时候声音要洪亮、自信。开集会时，学生会窃窃私语，我就会喊："321，静！"这个时候不讲道理，不做评价，只要学生停下来，我就会竖起大拇指喊出一个字："好！"

　　这样简单的训练只能奏一时之效，学生的价值观并未形成，只要班主任不在场，就容易出乱子。因此，班主任还要利用班会课，与学生一起构建纪律价值观，告诉学生在进行集体活动时，任何人都不可以做出干扰他人、破坏集体团结和纪律的行为。这种行为不论是有意的，还是无意的，都是不可取的，严重的还要受到惩罚。班主任把这个价值观抛出之后，要求每个学生都要说出自己的想法，同意还是不同意，遵守还是不遵守。如果大家都表示同意和遵守，那么今后再出现破坏班级纪律的行为，班主任就要按照惩戒制度惩罚违纪者。

　　如果班上有个别调皮捣蛋的学生总是带头破坏纪律，班主任就要拿出牛皮糖的韧劲，一路追踪到底，直到学生改正为止。班主任不仅要求违纪学生做出书面保证，还要要求他们在实际行动上有所表现。

俗话说，强将手下无弱兵。只要班主任意志坚韧，内心强大，工作能力强，工作方法正确，那么他的学生也不会弱。什么样的班主任带出什么样的学生，这话一点也不假。

至于说七年级的学生学习没动力，是因为他们没有感受到学习带来的快乐，或者他们还没看到学习带给他们的收益。学习是一种见效特别慢的投入，未成年学生的阅历和经历都很浅显，他们对未来没有切身的体验，老师给他们讲读书对未来有什么好处，他们很难听得进去。因此，班主任要提高学生对学习的兴趣，让学生能及时看到学习带给他的效益，比如物质奖励、精神满足、自我价值感等。

最后我还想说，改变不仅是从想法开始，更应该从行动开始，通过实践来校正自己的思想和方法是最有效的。

16. 优秀学生经常违反纪律，班主任该怎么办？

@钟老师：我今年带初三，班里有一个优秀的男生，脑子很聪明，整体成绩排全班前十名，但是学习态度时好时坏，时紧时松。作为物理科代表，他做事比较负责，但是经常违反课堂纪律。我觉得如果这个学生改正自己的不良习惯，还会有很大的进步潜力。请问钟老师，对于这样的学生，您有什么建议？

优秀学生究竟怎么界定？如果老师们认为那种每次考试都能考出优异成绩，在班级或者年级排名都很靠前的学生就是优秀学生的话，我是不能苟同的。从任教之初起，我对优秀学生的界定就是：学习主动性和效能感都很强，守规矩、懂礼貌，热爱生活，喜欢运动，有思想，喜欢做家务，孝顺父母等。前文中提到的那个物理科代表，整体成绩在班里排前十，只能说成绩还算过得去。他的学习态度时好时坏，还经常违反课堂纪律，这就算不上优秀学生。只能说他脑子好使，靠几分小聪明获得好成绩，但是不具备持续发展的能力。

但这样的学生往往自视甚高，认为自己聪明，不管学不学，都能考出好成绩。对于这一类学生，一定要在可塑期内将其掰正，不然到了高中，只要老师没有关注他，或者进入到一个学习风气比较差的班级，或者交了一群不上进的朋友，很快就会沦为后进生。

既然这个男生比较聪明，班主任对他进行大张旗鼓的改造肯定会遭到他的抗拒。因此，班主任只能采用"随风潜入夜，润物细无声"的育人策略，对这个男生进行"无痕教育"。那么，班主任需要做些什么事，才能使这个男生成为真正的优秀学生呢？

首先是对这个男生的学习态度进行分析评估。评估之前，班主任要扪心自问，自己想要这个男生呈现出一个什么样的学习态度呢？是想让他沉迷学习不能自拔，抑或是每时每刻都箭在弦上？如果班主任有这样的需求，那就说明问题的根源出在班主任身上，想把学生变为学习机器，让他们考出优异的成绩让自己能够向学校领导交差。如果班主任只需要学生根据自己的学习情况认真对待每一节课，认真完成每一次作业，不干扰他人，这种要求就是合理的。如果学生的表现与上述要求相差甚远，那问题的根源确实在学生那里。接下来班主任就要通过与学生进行深度交流，走访学生父母，询问学生的朋友，了解学生学习态度反复无常的原因。有些学生对自己缺乏信心，对自己也没有要求，学习态度就很容易反复无常。也有一些学生因为性格不合群，不善于交际，也会出现学习态度时好时坏的情况。还有一些学生因为父母关系不和睦，家庭矛盾冲突不断，严重影响学习心情，也会出现时而激昂、时而颓废的学习状态。而大多数学生学习态度欠佳则是缺乏目标，意志力薄弱，拖拉懒散所致。总之，班主任要搞明白，这不是"人"的问题，而是人的意识和情感会影响他对待事情的态度。我们不是去改变人，而是要帮助人解决他身上的问题。

其次是对这个男生的课堂表现进行分析评估并矫正。这个男生做事比较负责，但经常违反课堂纪律。做事负责，说明他有责任心，但经常违反课堂纪律，则说明他的规则意识、自控力和共情能力都很差，应该属于特别自我的孩子。一般那种自认为很聪明，学习效果还不错，在家里又特别受宠的孩子都很自我，他们很容易忽略他人的感受。他们不是坏孩子，只是在成长的过程中，还没养成遵守公共规则，配合体谅他人的意识和习惯。

根据上述分析，我建议班主任从两个方面入手来帮助这个男生变得更优秀。

一方面，帮助男生将积极的学习态度形成稳态模式。班主任需要真诚地、开诚布公地对男孩说："老师从你的智力、学习力、能力等方面做了全面评估，认为你是一个可造之材，我很想把你培养成让我骄傲的学生。但据我反复观察，你目前的学习态度还不稳定，过于情绪化，这样对你的学习成绩很不利。我有个很专业的建议，那就是你心中要形成一个新的自我评价标尺：我是一个很积极的人，也是一个能管理自己情绪的人，还是一个对自己有要求的人，只要我坚持不懈，我就一定能成为老师的骄傲、自己的骄傲。"还需要注意的是，这个标尺即便形成了，班主任若不经常激励，也很难形成一个稳定的模式。因此，班主任要随时随地寻找契机，去激励这个男生不要忘记他的最新自我评价标尺。激励的次数多了，这个男生在心中就会认定：我是一个积极的人，我一定要坚持不懈地努力，我要通过持续不断的努力成为老师和自己的骄傲。端正的学习态度一旦形成稳态模式，这个男生一生都会受益匪浅。

另一方面，帮助男生用新习惯覆盖旧习惯。男生经常在课堂上违反纪律，要么是缺乏规则意识，要么是故意引人注意，还有可能是自控力差。班主任不要强行要求男生改正错误，更不要把这个错误当作刺激源去反复负强化，否则男生违反课堂纪律的行为就会形成稳态，将很难矫正。这个时候最重要的是，班主任要给男孩制定一套新的行为范式。比如，上课不说与本课堂无关的话，不看与本课堂无关的书，不做与本课堂无关的事。将注意力聚焦在课堂上，跟着老师的讲课思路走，按照老师的要求学习。然后，班主任就按这套新的行为范式不断地去激励："某某，这节课你全程参与学习，没讲闲话，也没看闲书，我感到很欣慰，给你点赞。"不管男生心里的认知是否改变，只要外在行为有所改变，那就是改变了。

班主任这样跟男生解释形成新习惯的好处，他心里就不会抵触。他就会想：老师不是要改变我这个人，我还是我，我只是重新学到了一项本事，这项本事可以降低我的成长风险。当一个人采用新的行为模式得到了他人的认可和喜爱，他就会对这套行为模式形成依赖，从而变成习惯。以我自己的成长经历来说，我小时候生活在一个脏话连篇的环境里，自然也沾染了说脏话的恶习，我妈为此多次批评我。但我还是会背着她说脏话，甚至还与隔壁村的女孩对骂。我妈为此非常恼火，觉得我以后怕是改不了说脏话的坏习惯了。但我进入学校之后，很快就改掉了这个坏毛病，其实不是改掉了，是因为我在学校学到了文明的表达方式。这样的表达方式让我妈惊喜，也让我奶奶得意。奶奶天天在她的老姐妹跟前说她孙女了不得，小小年纪就能说会道，学习、做手工样样在行。我陶醉在新的行为模式里，慢慢地，说脏话等不良习惯就消失不见了。

最后我想说的是，班主任一定要尽量把"优秀"的外延拓宽，不要仅限于用学习成绩来定义优秀，而是要看到学生表现出来的各种优秀品质和能力。

17. 班主任怎样才能帮助学生改正说话怼人的习惯？

@钟老师：我是一名初三年级的班主任，班里有几个学生特别喜欢怼人，尤其是在老师跟他们讲道理的时候，他们说的话就像带了刺一样，让人特别难受。面对这样的学生，我该用什么方式跟他们沟通，才能走进他们的内心里去呢？

学生为什么喜欢怼人呢？班主任若不彻底弄清楚学生怼人的原因，就很难与学生沟通，更遑论走进他们的内心。我在开展教育教学工作时，也会遇到喜欢怼人的学生。就是不管老师讲什么，他都要给你硬生生顶回来。对于这样的学生，我没有采取跟他们针锋相对的方式，也没有嘲讽挖苦他们的行为，更没有对他们的行为进行是非对错的价值判断。我仔细观察了那些爱怼人的学生的言行，还深入调查了他们的成长背景，找到了某些学生喜欢怼人的原因，然后制定了与之匹配的应对策略，轻松解决了学生说话怼人的问题。学生喜欢怼人的原因通常有以下几点：

（1）攻击性强。有一类学生，他们本身性格就存在较强的攻击性，只要他们从对方的言语中受到了刺激，就会用激烈的情绪或者刻薄的话语去攻击对方。遇到这类学生，我都采取迂回策略：首先接受他的情绪：我知道你很不高兴；其次接受他的观点：你说得不无道理；再次是表达我的感受：但是我听到你的言辞之后，却有一种被攻击的感觉，心里可难受了；最后提出建议：我们换一种方式交流可好？你把你的诉求客观地陈述出来，咱们一起来解决，可好？刚开始学生未必都会按照我的建议表达，但他们的攻击性确实减少了。慢慢地，我发现，很多学生在与老师、同伴交流的过程中慢慢改掉了怼人的习惯。

（2）敏感多疑。这类学生特别容易从老师说话的语气、表情以及眼神等，曲解老师的意思。班上如果有这样的学生，班主任在说一些可能会映射到具体人或事的时候，一定要给学生做好心理建设。说正事之前，班主任要告知学生，此事无关品德，不做价值判断，不涉及班上的某个人。班主任提前打好了预防针，说话时又客观理性，学生就会安心地听他把话说完。

（3）缺乏安全感。有些学生从小生活在一个缺乏安全感的环境里，比如被父母忽略轻视，否定打压等。这类学生在与人交流时，就喜欢打压对方，以为这样可以使自己变得强大。对于这类学生，班主任要信任和关爱他们，给他营造一个安全的环境。只要这类学生能感受到老师和集体的接纳与认可，就不会轻易把老师怼得哑口无言。

（4）想引起他人注意。有一类学生在集体里存在感比较低，平时被忽视,甚至被别人轻视,他们逮着机会就要怼人。对于这类学生,班主任不要生气,而是要心平气和地告诉对方:"我明白你的感受,我理解你的心情,我会重视你的。"说完这句话,班主任可以给这位学生设置一个与他能力相适应的岗位,给他提供一个展示自己的平台。班主任平时也要多采用过程评价的方式去正面评价学生的行为过程,让他有一种被看见和被重视的感觉。除此之外,还需要采用增值性评价的方式去肯定学生的进步。慢慢地,学生就懂得如何通过正确的做法去获得老师和同学的注意。

(5)胜负心重。有一些学生胜负心特别重,只能赢不能输,只听赞美的话,不听批评的话。一旦听到老师讲的话里映射到他的不足之处,立马就用刻薄的言语回应老师。班里有这类的学生时,班主任尽量不要在大庭广众之下说教他,更不能借题发挥,而是要私下与其交流,给他支招,教他如何克服胜负心带来的负面影响。事实上,干成大事的人往往都有很强的胜负心,不然凡事不追究,遇事就回避,没事就躺平,还能做成什么事?

(6)共情能力差。这类学生的特点是别人说得声泪俱下,他却毫无波澜;别人悲愤交加,他却兴高采烈。对于这类缺乏共情能力的学生,班主任还真不能生气。对于这类学生,我通常会温和地告诉他:"这件事可能对你来说没什么,但对别人来说就是大事。你可以不用改变自己,只要将自己设定成一个演员,别人说出你不爱听的话时,礼貌得体地进行回应就可以了。"我这么说,他们就没有什么意见了。

(7)性格比较急躁。性格急躁的学生听别人说话往往只听一半,话中真意还没搞明白，就开始把自己的不满情绪抒发出来了。我的经验是，对于这类学生，如果不小心惹到他的"爆炸点"，就让他先发泄自己的情绪。等他发泄完了，我再心平气和地问他："心里的火发完了，舒服没？如果还没发完的话，再给你3分钟，一定不要憋着啊。"做个补充说明，我说这些话时绝没有调侃和讽刺的意思，我的态度是认真的，语气是温和的，就像在跟朋友聊天一样。这时，学生就会难为情地答道："其实也没什么了。""你是没什么，可是我的头发和眉毛都让你烧了呀！"我笑着说。原本紧张的气氛一下子就变得轻松了，全班学生都哈哈大笑起来。等到大家的情绪都平静了，我让一名同学把我刚才说的话复述一遍，然后再问那名性格急躁的同学："你是不是理解错老师这句话的意思了？"那名同学特别尴尬，低头向我认错。我则轻松地笑着说："没事，我给你布置一份家庭作业，写好交给我就行。作业的题目是'怎样才能学会倾听'。你可以通过咨询父母、查阅书籍、搜索网站等方式完成。"这样原本令双方剑拔弩张的事，就被我温和而坚定地化解了。

（8）敌对型性格。在我的教书生涯中，我碰到过的这样性格的学生不多，总共三四个。他们对别人的观点总是持怀疑和敌对的态度，不管别人说什么，他们都要怼，而且还不听解释。对于这类学生，那种"可能、也许、大概"等含糊不清的话语我从来不说，我一定要大大方方地把事情的真相告诉他。如果他还怀疑，我就问他："那你以为的真相是什么呢？你以为的结果是怎么回事呢？你告诉我，我洗耳恭听。"通常情况下，他无言以对，我也不会再继续追究下去，赶紧把话题转移到别的事情上去。

（9）表达习惯不良。有些学生从小生活的语言环境造就了他们不良的表达习惯，说话时喜欢怼人。对于这类学生我从不要求他们改掉怼人的习惯，反而给他们贴了一个"独特"的标签。我非常真诚地告诉他们，我想教他们一个本领，那就是把"怼"变成一把维护正义的利器。如果班上出现了不良现象，或者遇到不公平的事情了，应该勇敢去怼，大胆去怼。这样的"怼"就是好样的，谁都会竖大拇指。

（10）被老师的言语刺激。其实很多怼老师的学生并非真想怼。他们之所以怼，是因为老师没完没了地说教，有时候甚至轻易否定和嘲讽他们的行为，尤其是对他们的行为进行价值判断，甚至上升到道德层面。青春期的学生本就比较叛逆，老师若没完没了地说教，没完没了地刺激学生，就很容易惹恼学生。因此，老师要训练自己的话术，跟学生交流时，尽量做到理性、客观地表达。

对于那种随时都要发起攻击的"怼"，特别没有礼貌的"怼"，需要帮助学生改正。怎么改正呢？除了上述的方法外，还需要一些通用的方法。

首先，班主任把喜欢怼人的学生召集起来开个小会，言简意赅、毫不遮掩地告诉学生，他们有怼人的习惯，希望他们改正。这时候学生心里多半不服气，班主任可以说："你的情绪我能理解，但你若能够好好说话，我会更容易接受，师生之间的交流也会更愉快。"

其次，班主任要反省自己说话时的语气和态度，是否把学生的行为与道德挂钩，对学生进行不合理的比较等。这些行为或说话方式，很容易激发学生的对立情绪。

再次，班主任还要刻意训练非暴力沟通法，用专业的态度与学生说话，这样学生想怼也怼不起来了。非暴力沟通法有四个步骤：

（1）客观陈述事实。

（2）真诚表达感受。

（3）准确表达需要。

（4）提出合理请求。

如果班主任每一次与学生说话时，都能把话分解成这四个步骤说出来，学生更能心平气和地接受。

最后我要提醒的是，班主任不要轻易评价学生的行为，也不要轻易对学生的行为定性，最好是客观陈述学生的行为，向学生表达这个行为给自己带来了哪些困扰，阻碍了哪些工作的顺利开展，给其他同学带来了哪些负面影响。

18. 学生上课不喜欢回答问题，班主任该怎么办？

@钟老师：您好！我是一名初中的班主任，有个问题想向您请教一下：学生上课不爱回答问题，不太喜欢和老师互动交流。有的学生回答问题不自信，声音比较小，这样就导致我很难把握学情，我不知道该怎么办。

学生为什么不愿意在课堂上回答问题？分析其原因无非有以下五种：

（1）没听懂，压根不知道怎么回答。

（2）听懂了，但不知道怎么组织语言回答问题。

（3）胆小，不敢在大庭广众之下表达自己的想法。

（4）瞻前顾后，怕回答错了被其他同学嘲笑。

（5）没有原因，纯粹不想回答，不想说话。

学生上课时不愿意回答问题，班主任究竟该怎么办呢？

班主任必须表明自己的态度与立场，要明确地告知全班学生："积极回答问题是每个学生的权利，沉默不语也是每个学生的权利。但作为老师，我希望每一个学生都能积极回答我所提出的问题。"具体要求如下：

老师向学生抛出问题，不管学生会与不会，都要回答。听懂了，就要大声地把答案说出来。没听懂，那就大大方方地告诉老师，这道题还没弄明白，希望老师再讲一遍。没有听清楚老师提出的问题，那就真诚地请求老师把题目再说一遍，然后再进行回答。

之所以要求每位学生都要把听课情况反馈给老师，是因为老师必须要掌握全班学生的学习情况，以便及时调整自己的教学方法和教学内容，以达到教育效果最大化的目的。

还有一个学生必须要回答问题的理由，那就是老师向学生抛出问题，学生却没有任何反应，经验丰富的老师还可以自问自答，顺势找个台阶下，而经验不够丰富的年轻老师就很可能手足无措。长此以往，这些年轻老师的职业信心就会受到打击，容易产生职业倦怠感。

班主任诚恳地把课堂立场和要求向学生禀明，大多数学生都能配合老师的提问进行回答。对于那些确实不愿意回答问题的学生，班主任就要找到原因，然后分类解决。具体措施如下：

（1）整顿喜欢群嘲的班风。有些班级，不管谁来回答问题，只要回答得不够准确，马上就会引来一阵群嘲。回答者在群嘲中颜面尽失，之后就再也不想回答问题了。每次老师提问时，那些自尊心受过打击的同学就会低眉垂首躲避老师的视线，以免被点名答题。就算老师把这些同学叫起来回答问题，他们的表现也会令老师失望，要么支支吾吾，要么默不作声。

我为我班学生课堂答题一事立了一个规矩：不论哪一位同学站起来回答问题，不管他表现怎样，其他同学都不可以做出负面的评价，更不可以群嘲！此规矩一出，群嘲现象即刻消失了。经过我的调查得知，之所以很多班级出现群嘲现象，是因为参与群嘲的那些学生都曾经被群嘲过。在他们看来，参与群嘲除了以牙还牙，还有一种莫名的兴奋与刺激感。通常情况下，如果班主任站出来制止这种现象，他们很快就会觉得此事索然无味，群嘲现象也就销声匿迹了。

学生在课堂上拥有了安全感，他们回答问题的积极性和勇气才会增加。这样一来，课堂上愿意回答问题的学生就增多了。

（2）尊重那些确实不喜欢在大庭广众之下回答问题的学生。我曾经教过一位学生，她学习能力超强，表达能力出众，考试成绩也很突出，但她就是不喜欢举手回答问题。我问她原因，她说她最喜欢听别人答题，她从听的过程中获得的启发，远比她回答问题所获得的启发大。我知道她是一位非常出众的倾听者，于是尊重了她的选择。这位不喜欢回答问题的学生在学习上一直很优秀，最终取得了博士学位。

这就说明，学生上课不爱回答问题，不等于他们不具备学习的能力，特别喜欢回答问题的学生，也不等于他们就是学业上的优秀者。事实上，我教书30多年以来，发现很多在课堂上特别活跃的学生，并非他们学习能力特别出众，只是他们性格比较活跃，喜欢表达罢了。

（3）训练学生的胆量。很多学生上课不爱回答问题，主要原因是胆子小。对于这类学生，班主任不应该苛责他们，而是要训练他们的胆量，具体怎么训练呢？

①回答问题时，把自己想象成自己崇拜的人或者成功人士，就像在舞台演讲一样，这样一来就显得底气十足。

②对着镜子看着自己的眼睛说话，回答问题时，看着提问者的眼睛，反复训练，假以时日，胆子就大了。

③回答问题时，把其他同学想象成幼儿园小朋友，这样心理压力就会减小，胆子就会变大。

④增加在公共场合练习的时间。内心越是害怕，越要说服自己勇敢面对。班主任要刻意在公共场合训练那些胆子小的学生，给他们说话的机会。比如在义卖现场，让胆子大的学生带着胆子小的学生去吆喝叫卖。比如开运动会时，让啦啦队队长带着胆子小的学生去加油助威。如此反复地训练，就能提升学生的胆量。

⑤利用假期时间参加公益活动。把胆子小的学生组织起来，由老师或者家长带领着到社区参加一些公益性组织活动。胆小的学生不仅可以交到一些积极上进的朋友，还会增强自信心和胆量。

即便是天生胆小的学生，也能在各种实战训练中把胆量练出来。班主任老师一定要记得，增强学生胆量的方法不是讲道理，而是要刻意训练。

（4）训练学生的话术。不少学生上课时其实已经把老师所讲的知识点都搞懂了，但就是不知道怎样把他学会的知识准确有序地表达出来，所以不爱回答问题。针对此种现象，班主任就要刻意训练学生说话的艺术，教他们怎么回答问题。以下有几种回答模板供大家参考：

①判断正误的问题。回答模板：我认为这个观点是对的（错的），理由是……

②表达观点的问题。回答模板：我的观点是……，请大家翻到课本的某一页，看到某一段，我的依据是……

③反驳观点的问题。回答模板：我对某同学的观点持反对意见，理由如下……

不同的课堂、不同的话题，均有不同的回答方式，我在这里提到的这三点也只是起一个抛砖引玉的作用。班主任要善于观察，善于提炼和总结，把准确有序的表达之术教给学生。

（5）训练学生的声量。我不是声乐老师，对于怎么发声，怎么训练音色，完全是门外汉。我只是凭借经验，怀抱着一腔热情，还有一股子倔劲，"逼"着学生说话时把话说清楚，把声音放出来，让听者能轻松地听明白。我归纳了三个方法供大家学习参考：

①用七言律诗训练声量。我要求说话声音小的学生采用"二二三"的节奏大声朗诵七言律诗，反复朗诵，直到声音全部放出来为止。

②用"啊"的四个声调进行连声训练。因为"啊"是开口音，不管学生读哪一个声调，嘴巴都得张开。学生张嘴发声时，要特别提醒他们不能干吼，那样会很累，很废嗓子。

③时刻提醒，进行鼓励。对于那些声量比较小的学生，他们在说话之前我都会提醒："一定要把声音放出来，大声地把自己的想法说出来！"提醒之后，我还会给予鼓励："你是经过训练的，你可以把你的想法表达出来的。来！大声地把你的想法说给大家听听。"学生受到

这样的鼓励之后，通常说话声音都会比他之前的声音大。

当学生大声地把他的想法清楚明白地表达出来后，老师都要及时进行正反馈："你刚才回答问题时声音洪亮，表达清楚，逻辑也很严谨，我为你感到骄傲，给你点赞。"老师的及时反馈、准确回应和不断鼓励，会让学生回答问题的勇气不断地增强。假以时日，学生就能勇敢地在大庭广众之下回答问题了。

19. 学生打架，班主任怎样处理双方才服气？

@钟老师：我最近在处理一起学生打架事件。事情是这样的：A女生平时经常在她朋友跟前造谣B女生，终于B女生忍无可忍，趁上厕所时打了A女生，事情闹大后双方家长找学校解决。最后，学校按校规处理，两名学生分别回家反省，并且打人的B女生向A女生道歉。而B女生的家长觉得自己的孩子打人情有可原，要A女生当着全班同学的面向B女生道歉。A女生的家长却认为这样做是在拾起一个学生自尊的同时，将另一个学生的自尊践踏。我应该如何解决这个事件呢？

既然A女生和B女生的家长已经闹到了学校，学校也已经按校规处理了两名女生，班主任就不必再想第二个处理方案了。至于B女生的家长要求A女生当着全班同学的面向B女生道歉，这个要求不算过分。班主任要满足B女生家长的要求，让A女生心甘情愿地给B女生道歉，让B女生的家长无话可说。当然，A女生向B女生道歉之后，

B女生必须在全班同学面前给A女生道歉，也要让A女生的家长觉得被公平对待。

我为何建议班主任这么处理呢？这起生生矛盾的源头是A女生，因为她经常在朋友跟前造谣B女生。注意，这是造谣，不是闲聊。造谣就是通过个人想象，虚构事实，并通过各种途径散布虚构信息。A女生的行为显然侵犯了B女生的人格尊严权。根据《中华人民共和国刑法》第二百四十六条第一款规定："以暴力或者其他方法公然侮辱他人或者捏造事实诽谤他人，情节严重的，处三年以下有期徒刑、拘役、管制或者剥夺政治权利。"虽然A女生造谣行为的危害程度未必能上升到犯罪的层面，但她的造谣行为肯定属于违法行为，除了受到行政处罚之外，还必须向当事人道歉。

在这个事件中，B女生原本是受害者，本该依法维权，但她却采取了极端的维权方式——趁上厕所时打了A女生。不管她打得轻与重，只要动手打了人，就侵犯了A女生的身体完整权。《中华人民共和国刑法》第二百三十四条第一款规定："故意伤害他人身体的，处三年以下有期徒刑、拘役或者管制。"B女生的行为所造成的危害当然上升不到刑事处罚的程度，但也属违法行为，她除了要接受行政处罚之外，确实应该向A女生道歉。

班主任如果能这样给A女生和B女生做理性分析，她们两人之间的矛盾根本无须学校插手，也不必惊动家长，完全可以在一种心平气和的氛围中把矛盾消除了。

这原本是一件普通的生生矛盾，结果最后却惊动了家长、学校、家长、学生三方都受到了不同程度的损失。班主任貌似置身事外，但这位班主任的工作能力也会因此遭到质疑。这起生生矛盾已成既定事实，学校也有了处理意见，我想要重点强调的是，这位班主任一定要利用班会课的时间就 A 女生和 B 女生发生的这起人际关系矛盾事件，教会学生如何做理性判断，训练他们依法维权的意识和方法。

第一步，班主任客观陈述案例：A 女生经常在朋友跟前造谣 B 女生。请问，B 女生在听到这些谣言后，首先该怎么做？

很多人犯错，乃至犯罪，都是因为情绪激动，丧失客观判断，采取了极端方式，造成了不可挽回的后果，最后不得不为自己的行为付出相应的代价。班主任抛出这个问题，目的是引导学生管理好自己的情绪。人只有在情绪处于理性状态时，才能做出相对准确的判断，迅速找到解决问题的方案。

班主任现场指导：B 女生听到 A 女生造谣时，肯定气不打一处来，恨不得立刻冲上去质问或者殴打 A 女生以泄愤。产生这种冲动本身没错，但人是理性动物，必须要学会趋利避害。B 女生冲上去打了 A 女生，内心是解气了，泄愤了，但是，B 女生立马由一名受害者变成了一名侵权者。原本道理全站在 B 女生这边，但她打了 A 女生，就输了理。如果 B 女生当时控制好自己的情绪，依法维权，后面她就不会受到学校的处分。

第二步，班主任讲述依法维权的方式：每个公民都享有基本权利，当公民的基本权利受到损害时，就要依法维权。具体来说，可以通过"和解、调解、仲裁、诉讼"四种方式来维护自己的合法权益。那么 B

女生首先采用哪一种方式维权呢？

　　班主任现场指导：就 B 女生和 A 女生的矛盾性质来看，仲裁用不着，诉讼就更没必要了，这种小事不可扩大化，以免造成司法资源的浪费，最快、最便捷、最省力的维权方式就是"和解"了。

　　也就是说，当 B 女生听到 A 女生散布她的谣言时，考虑到 A 女生是自己的同学，属于内部矛盾，没必要把事情闹大，毕竟低头不见抬头见。B 女生可以私下找到 A 女生，然后对她说："我听说你在散布我的谣言，对此我不能接受，我希望你给我道歉，并立即停止造谣，这件事我就到此翻篇。如果你既不给我道歉，也不停止造谣，我就只有上报班主任以及德育处，请求老师和校领导出面调解。"

　　这个时候，如果 A 女生够聪明，知道自己有错在先，就会接受 B 女生的建议，向 B 女生说一声对不起，并立即停止散布谣言，这件事情也就解决了。

　　但如果 B 女生没有勇气私下找 A 女生解决问题，B 女生又该如何维权？

　　B 女生可以将这件事情报告给班主任，请班主任出面进行调解，班主任调解不了，再找学校德育处进行调解。无论是班主任，还是学校德育处，都会给 B 女生一个公正的解决办法。

　　可能有学生问，B 女生请求学校、老师调解，确实是在依法维权，但在 A 女生看来，B 女生就是在告状。万一 A 女生不服，找人在网上对 B 女生进行网暴，或者趁机报复 B 女生，又该怎么办呢？

　　能在事发之前预设到最坏的后果，这种思维必须要点赞。班主任在调解这类矛盾时也要做好预案，尽可能把可能发生的不良后果事先预设进去。如果肇事学生当面握手言和，背地打击报复，该怎么办？

当 A 女生和 B 女生经老师调解，双方握手言和后，班主任就要拿出事先写好的调解书，让 A 女生和 B 女生认真阅读，读后无异议再签字。如有异议还可对内容进行修改，直到两人都满意，再签字也为时不晚。签字后的调解书，两名学生各执一份，班主任收藏一份，最好再复印一份交到学校德育处存档。下面附一份调解书模板：

调解书

A：

B：

事由：A 女生多次在朋友面前造谣 B 女生，给 B 女生造成了极大的心理压力。经班主任调解，A 女生和 B 女生自愿达成如下协议：

1. A 女生当着全班同学面给 B 女生道歉，并且在朋友圈发布事情真相，为 B 女生消除不良影响。

2. B 女生原谅 A 女生的造谣行为，从此之后不再追究。

3. A 女生必须真心认识到自己的错误行为给 B 女生带来的伤害。从此以后，A 女生不得在任何场合对 B 女生进行人格尊严、身体等侵犯。如有发生，B 女生的父母将会向人民法院对 A 女生提起诉讼。

4. B 女生真心原谅 A 女生，不得在任何场合对 A 女生进行打击报复。如有发生，A 女生的父母也有权向人民法院对 B 女生提起诉讼。

> 5.本调解书自双方签字后即为生效。之前所发生的事情双方不再追究，不得再有异议。
>
> 本调解书一式三份，A女生和B女生各执一份，班主任保留一份。
>
> A：_____   B：_____
>
> 　　　　　　　日期：_____年_____月_____日

建议班主任在调解书的后面加盖学校德育处的红章，这个调解就显得更正式，也更具有可信度和约束力。

A女生和B女生在调解书上签名之后，班主任要郑重地叮嘱她们把调解书收好，今后谁先违规，就按照调解书上的相关条款执行。这起生生矛盾处理起来很难吗？只要班主任把这件事的内部逻辑想清楚了，就不难！学生在学校犯错误，老师要做的不是推诿责任，而是要教学生如何规避这些错误。学生的权益被侵害了，老师要做的不是要求学生宽宏大量、主动原谅，而是教学生如何依法维权。这样，学生在学校就具备了规避错误的能力，以及依法维权的意识与能力，今后步入社会，当自己的权益受到侵害时，就能从容应对。

第三辑 | 提升班主任的教育力

20. 新时代班主任德育工作的重心及核心在哪里？

@钟老师：我是一名年轻的班主任。最近我外出参加学习，常听到"新时代德育"这个概念。"新时代"我倒是能理解，只是"新时代德育"这个概念，我不得其解。对于新时代德育，我根本不知道从何处下手，也搞不清楚德育的重心和核心在哪里。我很担心"以其昏昏，使人昭昭"，最终把学生给带偏了，特向您请教。

面对这位年轻班主任的困惑，我想分四个步骤进行解答。

第一，如何理解教育的新时代？

2017年10月18日，习近平总书记在党的十九大报告中指出"中国特色社会主义进入了新时代"。党的十九大报告提出："要全面贯彻党的教育方针，落实立德树人根本任务，发展素质教育，推进教育公平，培养德智体美全面发展的社会主义建设者和接班人。"党的二十大报告提出："要落实立德树人根本任务,培养德智体美劳全面发展的社会主义建设者和接班人。""坚持为党育人,为国育才。"相比党的十九大，党的二十大在"四育"的基础上提出了第五育，那就是劳动教育，从此劳动教育成为国家课程。我所理解的教育的新时代，就是指在习近平新时代中国特色社会主义思想指导下的教育所处的时代。

新时代的教育要求教育优质均衡化，要求德育为首，五育并举，要求大中小德育一体化，要求学科思政，要求为党育人，为国育才。那么，作为德育队伍的主力军，班主任的德育工作重心及核心工作又在哪里呢？

第二，班主任的德育工作重心在哪里？

不管班主任在日常工作中做了多少事务性工作，如果没有抓住育人的重心，都可以认定为不作为。那么，班主任的工作重心究竟在哪里呢？

（1）建设班级管理团队，培养学生的领导力和管理力。一个班级，如果没有稳定高效的班级管理团队，就不能称之为班集体。一个班级，若不能培养学生的领导力和管理力，就没有给学生带来成长的养分。班主任每天都忙着去组织家长填表、接龙，或者盯着学生的小错误不放，把时间全部放在这些无足轻重的事情上，却把班级团队建设这样的大事搁置一边，完全忽视了对学生领导力和管理力的培养，这对学生的未来就太不负责了。教育要面向未来，不是写在纸上，喊在嘴上，而是要变成有效的行动。

（2）建设班级精神文化，滋养学生的情感和心灵。一个灵魂丰沛、润泽的学生，一定是一个善解人意、品行优良的学生。好孩子是通过良好的环境熏陶出来的。一个班级，若没有积极健康的班级文化，那么学生的情感和心灵就得不到滋养，学生的生命状态就少了平和与善意。润泽的灵魂、健康的情感、美好的心灵，这些对学生的未来何等重要！

（3）组织班级活动，培养学生的组织力和协调力。与其对学生讲道理，还不如组织班级活动。学生在计划、实施班级活动的过程中，组织力和协调力都能得到培养。学生的理解力、体谅心、行动力，都可以通过班级活动来获得。这些能力在学生以后的人生中都将发挥很重要的作用和意义。

（4）开发班本课程，培养学生的价值观和人生智慧。价值模式决定一个人的行为模式。人生智慧的多寡，将决定学生的未来之路是否走得稳妥。学生未来的家庭建设、职场经营，都需要人生智慧。作为班主任，不去创设情境传授学生人生智慧，却在一旁高谈阔论人生大道理，只会把学生培养成一群只务虚、不务实的空想家。

（5）进行实践活动，培养学生的劳动习惯和亲社会行为。劳动创造美，这绝对不是一句空话。因此，班主任一定要创造机会，把学生带进实践活动中，培养学生的劳动习惯，以及正确的劳动价值观。更要通过实践活动培养学生的亲社会行为。

第三，班主任的德育工作核心有哪些？

（1）提升认知。认知水平的高低决定学生的眼界是否开阔。班主任除了专业学习之外，还要跨界学习，及时把新知识传递给学生。

（2）树立理想。学生若没有理想，就没有前进的方向，很容易混日子。因此，班主任要带着学生制定目标，树立理想，让学生对未来有憧憬。

（3）管理情绪。班主任要教给学生管理情绪的方法，让学生保持稳定的情绪，这能让他们的成长之路更加顺遂。

（4）优化性格。好性格可以成就好人生。性格一旦形成，具有一定的稳定性。班主任不必去改变学生的性格，但可以优化学生的性格。

（5）重建价值观。价值模式决定行为模式，帮助学生建立正确的价值观，就是在给学生的未来奠基，也是在为学生的成长助力。班主任是学生的精神导师，应该在见识、格局、态度、胸怀等方面给学生以精神上的引领，从而丰富学生的精神世界。

（6）找到意义感。一个人缺乏意义感，就会找不到人生的意义，缺乏前进的动力，容易生出空心病。班主任要告诉学生，人生的意义不仅从快乐中来，也从痛苦中来，不仅从顺境中来，也从逆境中来。

（7）传授人生智慧。人际关系的维护、职场智慧的积累、家庭生活的经营等，需要的不仅是知识和见识，更需要丰富的人生智慧。只有运用智慧掌控自己的人生，内心才会稳定，身心才会健康和自由。

第四，班主任如何落实德育重心及核心工作？

（1）管理育人。班主任要把班级还给学生，为每位学生量身定制专属的工作岗位，然后把每位学生都纳入班级管理中来，最终形成人人有事干、事事有人干的局面。学生通过管理班级、管理他人和管理自己来促使自身形成较强的领导力和管理力。

从管理顶层设计的角度来说，必须打造一支能干、肯干、敢干的班干部队伍，以此培养学生的领导力和管理力。

从学习提升的角度来说，必须培养一支得力的科代表队伍，以此培养学生的学习力。

从班级卫生建设的角度来说，必须培养一支"你办事，我放心"的劳动队伍，以此培养学生的行动力和管理力。

从班级人际关系的角度来说，必须打造多个接纳度和包容度都很强的管理小组，以此培养学生的交往力和共情力。

从班级事务烦琐的角度来说，必须打造一支活跃在班级各个角落的特岗队伍，以此培养学生的存在感。

（2）文化育人。班主任通过营造班级文化来滋养学生的心灵，让每个学生都能把心融入到班级里，从而在班级里获得安全感和存在感。这样的话，学生的心灵将更饱满充盈，灵魂更温暖润泽，情感更安全健康。

物质层面的文化建设。班干部与学生一起动手，把教室布置成干净、整洁、有序、温馨的学习场所。教室既是学生学习的场所，也是学生生命的场域，所以一定要保持干净整洁。

制度层面的文化建设。班主任与学生一起制定课堂管理规则，包括做人做事要则、礼仪常规、惩戒制度等。《孟子》有言："不以规矩，不能成方圆。"好的制度管理出好的人，坏的制度滋生出坏的人。

精神层面的文化建设。分别从班名、班徽、班歌、班训、班服、班旗、班级口号、班级愿景、班级核心价值观等方面来进行精神文化建设，对滋养学生的心灵大有裨益。

（3）活动育人。班主任应积极开展班级活动，主动承担学校大型活动，要求每位学生都积极参与。让部分学生设计活动方案并组织实施，培养学生的组织力和协调力以及自信心等。

组织班级活动。班主任组织活动之前要选出并培养策划人、主持人、组织者和实施者。各种人才培养好后，再组织学生全员参与，全过程参与，全方位参与。只要学生参与班级活动，就一定能从活动中获得成长。

承担学校大型活动。每一学期，学校都要组织全员参与的大型活动。班主任不要抱怨，也不要逃避，更不要应付了事，而是要组织学生全员参与，做到人人有为，人人有得。

组织亲子活动。让家长参与到班级活动和管理中来，既可以让家长看到老师的辛苦，也可以看到孩子的付出，有利于家校协同育人。班主任还可以利用周末、假期时间，组织徒步、骑行、野餐等亲子活动，让家长和孩子的关系更健康，更和谐。

（4）实践育人。班主任要利用爱国主义教育基地、公益性文化设施、公共机构、企事业单位、各类校外活动场所、专题教育社会实践基地等资源，开展不同主题的实践活动，培养学生的劳动观念、亲社会行为。

组织学生参观访学。学校安排的参观访问活动一定要参加。一年一次的劳动技术教育不可放弃。周末、寒暑假，班主任可以带学生去社区做义工，去企事业单位参观访问。班主任可以发动家长参与，让家长带着孩子出去参观访学，这样对孩子的成长起到很大的促进作用。

家校协作培养学生的动手能力。班主任可以给学生布置烧菜、打扫卫生等家庭作业，请求家长协助，通过拍小视频、晒照片等方式展示学生的劳动过程以及成果。这样既能让学生获得成就感，又能趁机培养学生的劳动观念、劳动习惯以及动手能力。

（5）课程育人。班本课程是班主任的核心竞争力，因此班主任一定要根据学情开发德育班本课程。利用课程的系统性、丰富性、延续性、针对性等特点，对学生反复进行知识和精神的浸泡，培养学生健全健康的人格，让学生们都能够拥有充盈的人生智慧。

小学班主任针对学生的行为习惯开发美好行为养成课程。习惯的力量非常强大，一旦养成就有很强的稳定性。因此，班主任要设计出系列的习惯养成课程，培养学生优秀的行为习惯、学习习惯和生活习惯。如果学生在小学阶段就拥有了健康良好的习惯，那么他们在后续的学习和生活中，就会朝着正确的方向不断地发展。

初中班主任针对学生的青春期问题开发美好心灵修成课程。青春期俗称"危险期"和"叛逆期"，很多问题都发生在学生的青春期。有些问题还可以弥补，但有些问题可能会造成永久性伤害，根本没机会弥补。因此，班主任要针对青春期学生的成长特点，尊重学生的性别差异，根据学生的成长需求，开发出系统的青春期教育班本课程，指导学生认识自我、经营自我以及超越自我。也就是说，课程一定要涉及自我的认知、性格的优化、情感的指导、人生智慧的传授。总之，要把学生在未来步入社会所需的人生智慧通过课程"润物细无声"地传递给学生。

高中班主任针对学生的理想信念开发美好精神建成课程。高中生与初中生和小学生相比，不论在身体方面还是思想方面都成长了不少。他们的目标更明确，情感更丰富，思想更成熟。他们中的很多学生都知道自己未来想要什么，甚至成为什么样的人。但是，很多高中生的想法和眼界都有很大的局限性。因此，班主任要针对高中生的年龄特点，开发出可以引导学生精神成长的课程。

21. 遇到情绪不稳定、性格较冲动的学生,班主任该怎么引导?

@钟老师:我是一名八年级的班主任。我的班上有几个学生,情绪特别不稳定,说话做事都很冲动,往往酿成事与愿违的结果。事后他们也很后悔,但就是控制不住自己的情绪。作为班主任,我该怎样对他们进行引导呢?

学生情绪不稳定,说话做事冲动酿成了事与愿违的结果,班主任重点要做的,不是事后进行思想教育,因为学生不稳定的情绪和冲动的性格与其思想品质没有必然的联系。老师的道理说得再动听,他们也听不进去;即使听进去了,也很难做到。此时,班主任的工作重心应该是寻找造成学生情绪不稳定和性格冲动的原因。只有找到了问题的真正原因,才能找到解决问题的有效策略。

学生出现情绪不稳定、说话做事都很冲动的现象,要优先考虑学生的身体原因。班主任可以通过观察和询问学生,进行家访,与家长开诚布公地交谈，获得重要的信息。还可以了解学生最近的生活、学习情况，是不是吃得太过油腻或辛辣，学习压力是否过大，晚上睡眠质量如何，是否有身体机能性的疾病。如果是身体原因造成学生情绪不稳定以及性格冲动，班主任千万别对学生进行价值判断，也不必给学生讲大道理，而是建议学生改善生活习惯，或者到医院找专业医生进行诊疗。

如果身体原因排除了，接下来就找精神层面的原因。对于这方面的问题，大多数学生和家长都很忌讳，因此班主任一定要注意说话的方式。班主任要真诚地告诉学生和家长，了解情况是为了更好地帮助学生成长，决不会轻易向他人泄露信息。精神障碍主要有以下几种类型：焦虑症、抑郁症、双向障碍、强迫症、精神分裂症。患有这些精神障碍的人，情绪通常都不稳定，说话做事都很冲动。

在我教过的学生中，患有上述五种精神障碍的学生都有，且女孩居多，其中反应最明显的是双向障碍和精神分裂症。我教过一个学生，她一进我的班级，她的父亲就告诉我，他的孩子有焦虑症。这个学生本身很要强，也很上进，她的成绩也很不错，但就是因为患有焦虑症，她的情绪特别不稳定，不是攻击他人，就是攻击自己。在我带她的三年时间里，因为了解她的病情，所以对她很包容，也很关心。每一次在她情绪失控的时候，我都能及时地陪伴在她身边，帮她解开心中的疙瘩，也帮她化解了与同学、家人之间的矛盾，因此她还算平稳地度过了初中的三年时光。到了高中，由于她的班主任工作方式简单粗暴，顾及不到她的情绪变化，因此她的情绪很难稳定下来，与同学、老师之间的关系也很紧张，学习成绩一落千丈，她开始自我否定和自我贬低。后来，医生诊断她不仅患有严重的焦虑症，还有很严重的双向障碍。在医生的专业诊断下，这个学生和她的家人积极配合医生治疗，目前她的病情稳定，情绪也能保持稳定了。

我还教过一名学生，她给我的总体印象是对人很热心，做事很靠谱，偶尔会情绪失控。我当时只以为她是突发性青春期抑郁症，没有朝精神障碍这个方面去想，所以也没引起高度重视。后来她到了高中，身边的环境和同学都变了，老师也不像我那般关心她，她开始出现幻听、被害妄想等症状，被医院确诊为精神分裂症。虽然这个学生的病情是在高中阶段发现的，但我总觉得潜伏期就在初中阶段。如果我那个时候能拥有现在的认知，也不至于耽误这个孩子的病情。这件事虽然过去了近20年，我内心的自责和愧疚至今没有消失。我把这件事写出来，是想告诫所有班主任，不要把什么事情都扯到道德品质上，也不要整天想着对学生进行思想品德教育。

如果身体和精神层面的问题排除了，学生的情绪还是不稳定，说话做事还是很冲动，那就要考虑关系问题了。有些学生在学校里，性格温和，为人谦逊，说话做事都很克制，但是一回到家里，就对父母发脾气，甚至还争吵。有些学生在家里听从父母教导，一到学校就与同学吵架。很多班主任都把学生的这些行为定义为道德缺失，需要进行思想教育。我承认，这些学生的行为肯定不妥，必须要进行矫正，但如果只是张嘴与这些学生讲做人的道理，我觉得大可不必。因为学生本身的问题没有得到解决，老师的道理讲得再正确，学生没有听进去或者阳奉阴违，就起不到什么效果。因此，班主任需要帮学生梳理人际关系中的问题，指导学生与身边的人建立健康和谐的关系。

首先是帮助学生建立健康的亲子关系。建立健康的亲子关系需要从两个方面入手。一方面是提升家长与孩子的沟通能力，教会家长听懂孩子的表达，理解孩子的情绪，及时做出准确的回应。我当老师30来年，还没遇到过不爱孩子的家长，但不会爱孩子的家长则比比皆是。因此，班主任一定要帮助那些不懂得如何爱孩子的家长学会正确地爱孩子。如果班主任无法指导家长与孩子建立亲密和谐的关系，建议多读一些家庭教育方面的书，或者请班上的优秀家长来现身说法。另一方面是教给学生与家长相处的方法。很多学生在家里容易与家长发生冲突，皆是因为学生总想在道理上赢过父母，总觉得父母不够理解自己，喜欢一票否决和"秋后算账"。父母们确实容易犯类似的错误，但改变一个成年人相当困难。家长们早期所受的教育、原生家庭的影响，以及在社会上摸爬滚打习得的经验，已经让他们形成稳定的三观了。于是我就给学生面授机宜，让他们不要试图去改变自己的父母，因为他们现在没有资本让父母信服他们，他们要做的是，不论父母说什么，都不与他们讲道理，而是讲感情。在父母面前承认自己错了一点也不丢人，在父母面前保证"好好学习，天天向上"是件自豪的事情。

其次是帮助学生建立健康的朋辈关系。如果一个学生在学校没有谈得来的朋友，就很容易感到孤独，尤其是处于青春期的学生。孤独会导致他们情绪失衡。一旦情绪失衡，要么急躁冲动，看谁都不顺眼；要么沮丧消沉，觉着谁都看他不顺眼。班主任需要打造团结友善的班集体，让每个学生都能在班集体中找到自己的位置，能有属于自己的朋友圈。班主任还要积极开展班级活动，给学生创造交流的机会，更要利用班会课传授学生交友的技巧，帮助每个学生找到适合自己的朋友。学生只要在班上有稳定的朋友，得到大家的认可，在班级里获得归属感，就不会轻易对他人发脾气。

通常情况下，学生的人际关系理顺了，心情也就愉悦了，发脾气的次数会逐渐减少，冲动行为也会逐渐消失。不过，有些学生的人际关系很和谐，情绪还是难以自控，这又是因为什么呢？班主任又该怎么解决呢？

有些学生情绪难以自控是父母关系有问题导致的。父母一方总是各种抱怨、指责，甚至还歇斯底里，无法控制好自己的情绪。孩子长期在这种消极负面的情绪中耳濡目染，也学会了用负面情绪表达自己的需求和不满。还有些学生是在溺爱中长大，在家里都以他为中心，所以他一旦目的没达到，心愿没满足，不是积极主动地解决问题，而是通过发脾气来表达自己的不满。

对于这类学生，班主任要指导他们认识和管理自己的情绪。首先是带着学生认识自己的情绪，不管自己的情绪是积极的还是消极的，接受它并与之共存才是最合理的做法。其次是指导学生学会转移不良情绪，比如当情绪激动、很想发脾气时，赶紧去厕所洗把脸，或者去操场跑两圈，待到情绪恢复平静了，再回来复盘之前的事情，就能找到比较合理的解决方案。

最后我想说的是，只要学生犯的事不涉及法律与道德层面，班主任首先要放下先入为主的评价模式，放弃自以为正确的品德教育，抛弃主观臆断的猜测习惯。其次要冷静地复盘整件事的前因后果，然后扪心自问，分析原因，找到真相，这样才能制定出正确的育人方案。

22. 学生在非统考科目课堂上纪律不好怎么办？

@钟老师：我是一名年轻教师，在一所农村中学教书，并担任班主任。我们班的学生，在语文、数学、外语这三门课的课堂上，纪律还挺好的，但是在其他非统考科目的课堂上纪律就不行，老是有学生讲话，任课老师每节课都要停下来组织课堂纪律。面对这种情况，我应该怎么办呢？

为什么学生在语数外的课堂上就能遵守纪律，在非统考科目的课堂上就放飞自我了呢？关于这个问题，班主任要从学生和学科老师那里入手做个调查，看看是哪个环节出了问题，然后再对症下药。根据我多年的工作经验判断，学生重视语数外，无非认为语数外是大学科，分数占比最重。从学生上小学开始，直到高中毕业，语数外都是必学必考的科目。那么问题就来了，学生来学校是为了学习，但凡学校开设的课程都应该好好学习，为何他们会有这么功利的想法呢？那自然是班主任、家长、学科老师、学校领导平时都在有意无意地向学生传达

"语数外很重要"这个信息，慢慢地，学生就形成了这个认知。班主任想要解决这个问题，需要从两方面入手：

一方面，端正学科认知，重塑课堂价值观。班主任要坚定果断地告诉学生："学校开设的每门学科，都是根据国家课程纲要设置的，都以'立德树人'为根本任务，旨在把学生培养成德智体美劳全面发展的社会主义建设者和接班人。如果一名学生只懂语数外知识，怎么能成长为社会主义的建设者和接班人呢？一个人，若能写一手工整漂亮的字，就会增强自信心；若能精通一门才艺，会为自己的人生加分；若能拥有强健的身体，未来就会比别人"跑得快"；若能养成劳动的习惯，形成正确的劳动价值观，不论经历何种风浪都能微笑面对。"班主任把这番话说完后，就要用不容置疑的语气要求学生，必须像对待语数外那样对待非统考科目。

班主任如果担心学生听不进这番强硬的话，可以现身说法，说说自己当年重视非统考科目对自身发展带来的利好，也可以谈谈自己当年轻视非统考科目带来的遗憾。我的经历是个反面教材，因此我说的是我当初轻视非统考科目留下的诸多遗憾。虽然是反面教材，对学生也有很大的启发。

我当年读书时，只重视语文和数学、物理、化学，英语则是因为要考试，被迫学的。音体美这些非统考科目，上课的时候我一般都用来看小说。单纯以考试成绩来说，我的成绩很突出，我当时也很得意。我固执地认为，学好语文，就能学好数理化，而学好数理化，走遍天下都不怕。事实上，我后来的人生路，走到哪里都后怕。先说英语，因为当初是被迫学的，所以只学得皮毛，只能应付考试，后来不学了，就完全放弃了。就是英语这门学科，阻断了我读研究生的道路。在学历上，我只到本科，再无突破，而我本身拥有学历跃迁的学习力，却因为英语过不了关，导致不能进阶，造成终身遗憾。还有，当时学校开设了书法课，可我没有耐性练书法。每次书法课上我都应付了事，然后躲到一边去看小说。现在每次写板书时，我都很没底气。音乐课上，我也不开口唱歌，拒绝学习五线谱，抗拒学习乐器。由于我不会唱歌，不懂得欣赏音乐，也没能力在学生面前一展歌喉。如果当初我能认真学习非统考科目，现在也不至于如此被动，也许我的成就会比现在大很多。我说的这些都是自己的亲身经历，所以我每次说出来，学生都为我感到遗憾。同时，我的经历也是对他们的警醒。

认知厘清了，接下来就要帮学生建构积极的课堂价值观。何为课堂价值观呢？简单说，就是学生对课堂表现的稳定的自我认知。课堂价值观有积极和消极之分。如果学生拥有了消极的课堂价值观，就不会敬畏课堂，不会尊重课堂上的教育者和学习者，更不会把课堂当回事。反之，如果学生拥有了积极的课堂价值观，就会尊重课堂，敬畏课堂，遵守课堂纪律。不论哪一门学科，学生都会抱着学习的态度去对待。那么，何为积极的课堂价值观呢？

（1）课堂是用来学习的，不是嬉闹玩乐的。不论什么课，都必须抱着学习的心态来对待。

（2）课堂是大家的，不是个人的，必须要尊重。尊重自己的受教育权，也尊重其他同学的学习权，更要尊重学科教师的教育教学权。

（3）课堂是有规则的，必须要遵守，否则就要受到相应的惩戒。

积极的课堂价值观需要班主任反复向学生解读并强调，要让学生接受并内化为自己的价值观。同时，班主任也要向学生提出一些课堂要求：尊重上课教师，与课堂无关的话不讲，与课堂无关的事不做，与课堂无关的书不看，与课堂无关的游戏不玩，与课堂无关的心事不想。不论是在语数外的课堂上，还是非统考科目的课堂上，都必须把积极的课堂价值观落到实处，遵守课堂纪律，配合学科老师的要求完成任务。

另一方面，班主任与学科老师齐抓共管，加强非统考科目的课堂管理。班主任要找学科老师沟通，坚定地告诉他们，要在自己的课堂上明确抛出管理态度和立场，制定课堂规则。学科老师愿意管，班主任愿意做学科老师的靠山，课堂纪律就好了一半。除此之外，班主任还需要在三个方面下足功夫，非统考科目的课堂纪律就算抓住了。

①班主任要对非统考科目进行遥控管理。在课堂管理上，虽说班主任与学科老师的观念要达成一致，但非统考科目学习压力小，部分学生确实不重视，容易放纵自己的行为，给其他愿意学习的学生造成困扰。这时，班主任就不要把希望寄托在学生自我管理上了。明确说，在中学阶段，能够自我管理的学生真不多。因此，班主任一定要在每门非统考科目的课堂上安排三到四名课堂观察员。班主任要在班上选那些敢于说真话、敢于维权、不怕得罪人的"正义之士"来做课堂观察员。课堂观察员主要做什么呢？那就是用他们那双雪亮的眼睛观察课堂，把扰乱课堂纪律的始作俑者，以及跟风起哄的协助者统统揪出来，然后直接汇报给班主任，由班主任亲自出马来处理这些课堂纪律干扰

者。只要班主任态度坚决,行动有力,那些扰乱课堂纪律的学生很快就会改正自己的不当行为。

②班主任对课堂违纪行为要坚决说"不"。我上课时,不论是哪个班级,课堂纪律都很好。有人猜想是我常年做班主任,有权威感,所以学生怕我。实话说,我不做班主任的班级,课堂纪律也很好。因为我对课堂管理有坚定的态度和立场,对课堂表现有明确的要求,还有成熟的课堂管理制度,所以我有对课堂违纪行为大声说"不"的勇气。我明确地告诉学生,仅在我的课堂上表现好不算好,在其他学科老师的课堂上表现好,才算真的好。如果谁敢在其他学科老师的课堂上扰乱课堂纪律,我定严惩不贷!学生来学校就是学知识和学做人的,而班主任是学生成长的引领者。如果班主任有坚定的立场、明确的要求、严格的管理,做到公平公正,学生焉有不服?

③班主任要对学生在其他课堂上的表现抱有期待。首先,班主任要经常向学科老师了解学生的课堂表现。对表现可圈可点的学生,要及时给予表扬;对表现不好的学生,要及时进行教育。其次,班主任要经常向学生表达对其他学科的课堂期待,比如希望学科老师为自己所带班级的学生而感到骄傲,希望学科老师在与别的同事交谈时发自内心地表扬自己所带的班级,希望学生在其他学科的课堂上学有所得,希望学生全面发展,希望学生在未来的某个阶段能感谢现在对每门学科的重视……班主任将其他学科的课堂期待真诚地向学生表达出来,我相信,学生一定会被班主任打动。

最后,我想说的是,千万别低估教育的难度,也别想着立竿见影。

很多事情，我们努力做了，未必能达到预期的效果，不是老师不行，也不是学生不行，而是学生的成长需要时间。班主任一定要相信种子的力量，相信时间的力量。只要是对的事，不管现在是否有效，我们都要坚持去做。总有一天，我们的期待会成为美好的现实。

23. 临近期末,班主任如何稳定班级"军心"?

@钟老师:临近期末了,我原本是打算在期末盯紧学生,提高复习质量,帮助学生考出优异的成绩。现在看来,这个愿望可能要落空了。为什么呢?因为我带的这个班级军心不稳,学生特别浮躁,无心学习。每天我都要生气,总是对他们大吼大叫,事后我又特别后悔。请问钟老师,我该如何做才能在期末临近之时稳住班级"军心"呢?

(1)分析班级军心涣散的原因。

通常情况下,师生们的整体状态往往是:开学之初,激情满怀;期中前后,云淡风轻;期末临近,心神不定。

为什么到了期末阶段,班级更容易"军心"涣散呢?

首先,经历了一个学期,师生都累了,疲了。有些学生觉得自己的成绩难以提高了,于是就开始"摆烂"。不要说学生,就是老师到了期末的时候,往往精神也有些涣散。

人在疲累的时候精神比较容易涣散。因此,期末阶段学生们精神涣散很正常。班主任不要太过焦虑，要以一颗平常心待之。当然也要用行动来告诉学生，不论发生什么事情，老师都会在他们身边陪伴着他们。

其次，有一部分学习力不够的学生，会释放一些颓废低迷的信息。他们觉得自己反正也学不好了，就不想学了。此时，班里一些中等生，尤其是那种可上可下的潜力生，就会受到一些负面影响。于是，他们开始为自己找偷懒的理由："你看某某某都不想学了""某某某都没听课了""某某某都没写作业了""某某某都没复习了""某某某上课都在搞其他事情了"……他们都可以不学习，我为什么要学习？学生自然很容易受到这种不良风气的影响。

最后，班主任、家长都在做放假前的各项准备。比如，班主任不断跟学生说："我在给你们写评语。""学校要在放假前搞活动，我要做准备"。班主任就在诸如此类的言语中释放出一种信息——我们要放假了，可以放松了。这种信息不断被释放出来，就会让学生呈现涣散的学习状态。

上述三种原因会让学生们精神低迷，班级风气日渐颓废，导致军心涣散。

一个班级，班主任首先自己要稳住，然后再做好优秀学生和家长的工作，让他们也能稳住，那么这个班级就不会乱，人心就不会散。

（2）班主任稳住了，班级心态就稳住了。

班主任是稳定"军心"的主心骨，因此，班主任必须要做到"三稳"，分别是心态要稳，情绪要稳，做事情要稳。维"稳"是班主任的关键着力点，也是让班级"军心"稳定的定心丸。

首先，班主任如何做到心态稳？

有些班主任认为自己都很脆弱，很敏感，根本做不了学生的主心骨。这是老师自己的问题，做主心骨应该是班主任自己的选择，而非别人的要求。

既然不想做学生的主心骨，那就不要抱怨班级"军心"不稳，不要抱怨学生不听班主任的话。

我们班教室的墙上贴着一句话："你凭什么不努力，又想得到你想要的？"换个角度讲，班主任凭什么不对学生付出，又想得到学生百分之百的配合？所以，要想班级"军心"稳定，班主任先要稳住自己的心态。

有些问题，不是班主任做了工作，学生就一定能听进去，就一定能起到明显的效果，这里面的原因很复杂——有些是家长的错误认知图式决定了他们的教育行为；有些是学生的消极认知图式决定了他的学习行为，短时间内很难纠正。我的态度是，竭尽全力去帮助家长消除困扰，帮助学生解除困惑。如果事情做好了，问心无愧；如果事情没达到预期，心怀坦然，这样的心态才能叫稳住。

其次，班主任如何做到情绪稳？

我的学生经常会向我表达焦虑。比如，马上考试了，学生就会向我释放焦虑情绪："哎呀，老师，又要考试了！""我都要'原地去世'了！"学生说的"我都要'原地去世'了"，意思就是考试题目特别难，不会做，考得他们的心都快僵住了。特别是考完数学、物理、化学这些科目后，经常会有学生过来跟我说："老师！我已经'原地去世'了！"

这时，我就笑嘻嘻地跟他们说："我这里有速效救心丸，要不要吃两颗？吃了马上就能让你'复活'。"听我这么说，学生马上用力摇摆他们的胳膊，铿锵有力地说："不用，咱又活过来了！"

还有学生会跟我说："哎呀，我考得好烂呀！没前途了！"

我就会接着说："没关系，现在考烂了，中考就考好了！我教了几十年书，有些学生就是这样，平时考得不咋地，大考却考得不错。"我这句话当然有夸张的成分，我其实是想换一种轻松愉悦的方式给学生传递一个信息：这次没考好没关系，下次还有机会。我这么一讲，学生就不容易焦虑了，他们就会把精力放在中考这个大目标上。

还有学生会说："老师，这道题好深奥，怎么出这么难的题！"

我就会对他们说："平时你觉得题很难，大考时就会觉得题简单；平时你觉得题简单，大考时就要变成倒霉蛋了。"

学生说没考好，我就会说："没考好有什么，没考好就意味着下次能够考得更好嘛。如果每次都考好了，你就没有上升空间了，对不对？"

我有时还会直接对学生说："不要考太好了，平时考太好压力也大，我们调整好心态，慢慢走，走到最后，笑到最后，才是最棒的！"

班主任这样对学生说话，能让学生减轻对考试的心理压力，从而舒缓焦虑情绪。

我经常听到有班主任这样对学生说："你看，你又没学好，这次又没考好!""你是怎么学的?""你学成这样,到时候怎么中考啊? 考不上高中你该怎么办?"

这些话听着是不是令人焦虑? 班主任的情绪稳不住,就会把焦虑传递给学生。学生处在焦虑的情绪之中,"军心"就会涣散。

虽然我在学生面前表现得云淡风轻,但我在行动上可是一点也不懈怠。

我每天进到教室,都会呈现出积极向上的精神状态,向学生传递"我有力量,我有信心,我不怕困难"的信息。只要做到面上始终云淡风轻,心里始终轻松自洽,学生就能从我的眼神、言语以及肢体上感受得到。

最后,班主任如何做到干事情稳?

班主任要坚持做一些平常事,比如每天进到教室与学生一起搞卫生,与学生一起聊天、开玩笑,与学生一起写作业。教室里有很多事情可以做,班主任与学生一起做,学生就有一种心安的感觉。

班主任做事的速度要快,但心态可以慢。我经常对学生说:"我们要尽量把事情的过程做得滴水不漏,至于结果,一切都交给运气,好不好? 事情做成了最好,如果没成也无所谓,反正我们尽力了就行。"

我经常给学生强调:"无论做什么事情,过程一定要一丝不苟,一定要认真做好,至于结果如何,要用平常心看待。"我的话一说完,学生那躁动的心瞬间就安静了下来。

我还会对学生说:"平时怎么学习,期末复习的时候也按同样的方式学习。学习力强的同学,完成老师布置的任务后,可以自己给自己加料。学习力刚刚好的同学，就按老师的要求去做，该背背，该记记，该写写，该练练，把该做的做好，结果一定不会太差。"听我这么说，学生的压力很快就消除了，复习时也能轻松面对了。班主任即便"心有猛虎"，也要"细嗅蔷薇"。

把该做的每一件小事情都做好了，才能干成大事情，因为大事情是由无数件小事情组成的。

（3）优秀学生稳住了，班级学风就稳住了。

一个班级的良好学风，除了班主任用心打造之外，还要靠优秀学生来支撑。优秀学生学习欲望强烈，就能带动中等生一起学习。一个班上有三分之二的学生热爱学习，这个班的学风就不会差。尤其到了期末，不少学业落后的学生降低了对自己的期望，盼望着早点放假，在学习上开始自暴自弃，甚至还有一些学生会有意无意地干扰身边正在学习的同学。这样一来，就很容易导致班风浮躁，学风低迷。

有经验的班主任知道，在这个时间节点上，一定要稳住班上的优秀学生。只要优秀学生稳住了，班级学风就稳住了。那么，班主任该如何给优秀学生做思想工作，让他们的心态和情绪都能稳如磐石，专心备考呢？

优秀学生的自我效能感比较强，他们对自己有明确的要求，对自己的期望也比较高。但同时，他们也是未成年人，心性不够坚定，很容易受到外界的干扰。因此，班主任一定要做好优秀学生的思想工作，经常关注他们的学习过程，并把他们召集起来开个会，在会上真诚地告诉他们："在期末这个关键节点，你们一定要挺住，你们挺住了，班级学风就变得昂扬；如果你们挺不住，班级学风就会变得颓靡。一旦班级学风颓靡，大家都呈现出摆烂的心态，最容易受到影响的，不是学业暂时落后的同学，而是你们这些冲在前面的优秀学生。"

由于我把道理说得很明白，引起了优秀学生的共鸣，再加上我很关注优秀学生的学习过程，及时反馈他们的学习效果，因此，即便是在学期末，其他班很多优秀学生心里都放松了，我班上的优秀学生始终保持良好的学习状态。

（4）家长稳住了，班级情绪就稳住了。

很多家长会在期末来临之际制造一些焦虑情绪，比如，天天数落孩子不认真复习，届时肯定考不好，考不好就要对孩子怎样怎样。孩子天天听父母这样说，心情就很容易焦躁。

还有一些家长，孩子正在复习，准备考试，他们就开始策划假期要去哪里玩，过年要准备什么年货，要回哪里去过年，经常问孩子什么时候放假，好安排订票事宜，等等。这也会导致孩子心慌，心思无法聚焦到学习上。

班主任要洞悉这种情况，及时召开家长会，要求家长稳住，最好不要给孩子制造一种放假在即的感觉。关于放假可能安排的各项活动，最好等到孩子真正放假了再说。如果一定要提前做计划，建议悄悄地做，不要给孩子制造一种要放假了、就该放松了的气氛。

我给家长最真诚的建议就是，平时忙什么，放假前就忙什么；平时吃什么穿什么，放假前也吃什么穿什么。不必特意搞出一种特别忙乱、特别心慌的气氛。如果真心要重视考试的话，那就给孩子创造一个安静祥和、积极上进的家庭氛围。孩子在这样的家庭氛围里，心安、心静，自然会把心思放在学习上。家长只要把过程做好了，就不必太担心结果。

只要家长保持一颗平常心，用心经营家庭关系，认真陪伴孩子学习，忙好自己的事情，孩子的情绪就会比较稳定，就能心平气和、积极上进地准备期末考试。

期末临近，学生的心态确实很容易崩盘，班级"军心"确实容易涣散，但只要班主任能稳住心态，指导学生正确调整自己的情绪，指导家长保持正常节奏助力孩子，整个班级就会稳如磐石。

24. 学生遭遇网络欺凌，班主任该怎么处理？

@钟老师：我是陈老师，我们班级有位女生因为与另一位女生闹矛盾而绝交，进而互相伤害，这位女生还在网络上与其他人组团对另一位女生进行攻击。作为班主任，我跟双方家长都沟通过，结果那位女生在网络上攻击得更厉害了，已经影响被攻击女生的心理和成绩了。要是开学后这种情况继续发生，我该怎么处理呢？

从陈老师提供的案例来看，一拨女生在网上组团对另一位女生进行攻击，很显然，这是一起网络欺凌事件。何为网络欺凌？就是指利用数字技术进行的欺凌行为，即通过社交媒体、即时通讯平台、游戏平台等，对他人做出恶意漫骂、侮辱、毁谤等，致使他人心理、自尊、人格等受到伤害的行为。

那么，网络欺凌对学生的危害究竟有多大呢？

网络欺凌对被欺凌者的心理、自尊、人格等的伤害不可预估，给他们的现实生活造成严重的影响。在现实生活中，有学生因受网络欺凌而患上抑郁症的，也有因受网络欺凌精神崩溃或者精神失常的，更有因受网络欺凌无法承受心理压力而自杀身亡的。美国著名的养育、教育、冲突解决和疗愈方面的演讲家芭芭拉·科卢梭在其著作《如何应对校园欺凌》一书中列举了很多未成年学生因遭到网络欺凌而自杀的案例。这些被欺凌而轻生的学生何其无辜？这些学生的家长是多么痛苦？

既然网络欺凌危害重大，那么作为班主任，当自己的学生遭遇网络欺凌时，就不能只做简单的沟通，而是要雷霆出击，以绝后患。

班主任要态度鲜明、立场坚定地制止欺凌者的行为。班主任制止了欺凌者的行为之后，要第一时间对欺凌者的行为进行定性：

（1）不论欺凌者的理由多么正当，在网上组团对他人进行攻击都是错误的，老师不仅不能支持，还要上报学校进行处罚，通知家长配合教育。

（2）不论造成怎样的欺凌后果，网络欺凌都是违法的。网络不是法外之地，网络欺凌同样也是一种违法行为，造成严重后果的甚至会构成犯罪。

（3）无论欺凌者把组团攻击的理由粉饰得多么漂亮，这种行为都是恶意的、蓄谋的，带有故意伤害性质的。

班主任表明了自己的态度和立场之后，要立即向学校安全办或者德育处汇报，要求学校根据欺凌行为的程度对欺凌者进行纪律处分。后果严重、危害性大的网络欺凌行为，班主任应该第一时间报警处理。

接下来，才是找欺凌者的家长到学校进行沟通。班主任与家长沟通时，很有可能会遭遇家长这样辩驳："我的孩子是组团攻击了某某，但是某某也谩骂了我的孩子。如果不是某某先与我的孩子发生冲突，我的孩子也不会组团去攻击某某。"

遇到这样的辩驳，班主任先不要着急，而是要冷静、严肃地告诉家长："学生之间的冲突与欺凌是两码事。冲突是平等的，势均力敌。欺凌是蓄谋的，力量不对等，这是两码事。"什么行为该受处分，什么行为该赔礼道歉，班主任要跟家长一样一样捋清楚。做到既不戴有色眼镜看待人，也不是非不分冤枉人。

从教至今，对于家长，我既不居高临下自以为是，也不迁就退让丧失原则。我向家长传递的信息就是：我不允许我的学生欺负别人，也不允许我的学生受欺负。我会站在公平公正的立场，一碗水端平，给双方家长满意的答案。

不过，我还是要提醒各位班主任，纵使班主任威望高，处事公平，与家长沟通时，也要注意说话的方式、方法。

对欺凌者的家长可以这样说："某某家长，你的孩子在网上组团攻击某某同学，对某某同学造成了很大的心理伤害，不论是孩子本人，还是孩子家长，心里都很难受。咱们先不争辩攻击的原因是什么，而是把着力点放在如何消除不良后果上面，把大事化小，小事化了，你觉得呢？我的建议是，欺凌者首先要接受学校的纪律处分，目的是帮助孩子认识到只要犯错就要付出代价。这样既增强了孩子知错就改的意识，也培养了孩子敢于担当的勇气，更重要的是，可以规避孩子进入社会时犯更大的错误。其次，欺凌者要向被欺凌者道歉。道歉的目的是安抚被欺凌者的心理，化解不良后果，同时也告诉欺凌者，对他人造成伤害必须要赔礼道歉。道歉时，态度要诚恳，语言要真诚，直到得到被欺凌者的原谅为止。如果对处理结果不满，请当面申诉；如有委屈，请事后提出；如有隐情，请如实汇报。老师一定会站在公正的立场，为每一个受到委屈的同学讨回公道。"

对被欺凌者家长可以这样说："某某家长，你的孩子被同学在网上攻击，心理受到了伤害，我的心情很沉重，也很自责。现在不管我说什么，都是事后诸葛亮，都是我治班不严，管理不到位，思想工作疏忽造成的，所以我也该向您赔礼道歉，真是对不住了，没有保护好您的孩子，让孩子承受了很大的心理压力。这件事情已经成了既定事实，我不会找任何借口为自己辩解，也不会找任何理由为欺凌者开脱。我目前要做的就是让欺凌者受到应有的处分，还有就是给您的孩子诚恳道歉，并保证以后绝不会出现类似的事情。今后，我一定会高度重视班级人际关系的建设，关注每一个学生的心理健康问题。我会严正告知每个学生，我对欺凌行为零容忍！我会坚决打击校园欺凌行为，保护好我的学生！"

这些年，我教过的学生中也出现过欺凌行为，并且有些行为还造成了一定程度的不良后果。我都是用这样的方式来处理的。我的教育态度和处理方式，往往都能被学生和家长所接受。事后三方都皆大欢喜，类似的欺凌行为也没有再发生过。

班主任与家长沟通达成一致之后，还要从三个方面做好学生的思想工作，欺凌行为才能得到有效的遏制。

首先是教育欺凌者。就算欺凌者认识到自身行为不正确，并且接受了相应的惩罚，班主任也不能就此罢手，而是要对欺凌者进行思想教育，要帮助他们认识到欺凌行为对他人造成的伤害，以及自己可能要承担的后果。另外，班主任还要明确告知欺凌者，此后要对他们进行过程评价。什么是过程评价呢？就是班主任采用观察（专门安排一至两名观察员对他们的言行进行观察），约谈（一周一次找欺凌者谈话，询问他们近期的行为表现，是否有持续的欺凌行为），调查（暗中调查欺凌者身边的同学，了解欺凌行为是否还在继续），网络监督（号召班上每个同学都自觉承担起网络监督的责任，一旦发现有同学在社交媒体上对他人进行攻击，及时向老师汇报）的方式。过程跟踪持续一个学期，如果一个学期内欺凌者都没有犯过类似的错误，这件事就算是翻篇了。如果欺凌者任意妄为，继续对同学进行网络攻击，老师能做的就是收集证据，报警处理。

其次是安抚被欺凌者。被欺凌者是网络欺凌的受害者，班主任不仅要大力支持他们，还要对其情绪进行安抚。班主任可以这样对被欺凌者说："你这次在网上被同学攻击，我很理解你的心情，我感同身受。你的不安、痛苦，甚至绝望，我都能感受得到。你放心，我会帮助你反欺凌，让你不再受到伤害。"

最后是在班上开设反欺凌的班会课。班主任要搜集"反校园欺凌"的政策信息、法律支持以及相关知识，明明白白地告诉学生这些问题：什么是校园欺凌？校园欺凌的类型有哪些？校园欺凌的危害有哪些？如何防止校园欺凌？遭到校园欺凌后，第一时间需要做什么？

班主任要把每个问题的答案给学生讲透彻，让他们牢记心中，并以此为据保护好自己。

这一系列工作做完之后，班主任还要回溯到欺凌的前情。要了解清楚这两个女生因何而绝交，怎样互相伤害，谁负主要责任。班主任必须弄清楚真相，秉公处理，让当事双方放下成见，看到自己的缺点，进而改正缺点。

从陈老师讲述的这起网络欺凌事件中，在"女生绝交，互相伤害，组团网络攻击"这个过程中，不难看出，部分女生在建立人际关系方面很感性，也不懂方法策略。这需要班主任专门为学生开设"如何建立和谐友好的人际关系"的班会课，把如何与他人建立健康的人际关系的方法与策略传授给学生，这才是规避各种欺凌的有效方法。

25. 学生说话阴阳怪气，班主任要怎么引导？

@钟老师：我是一名职业高中（以下简称"职高"）的班主任，我所带的班级，学生成绩虽然不太好，但还是很守纪律的。不过，班上有些学生总喜欢阴阳怪气地讲话，搞得人际关系很不和谐，我该如何引导呢？

职高学生，小则满 15 岁，大则成年了，为何还不懂得好好说话呢？这里面原因当然有很多，咱们不妨来捋一捋。

（1）班风不良，大家都喜欢说风凉话。我见过这样的班集体，几乎每个学生都带刺，都喜欢阴阳怪气地说风凉话。生活在这样的集体里，很难独善其身，最终会把"阴阳怪气"当成一种表达习惯。

（2）心里不平衡，嫉妒心很强。总有一些学生心高气傲，实力不强，见不得别人比自己好，于是故意对别人阴阳怪气地说话。

（3）自卑心理作祟，找存在感。一些怀有自卑心理的学生，不敢走上前台去表现自己，但心里又极度想让别人看见自己。于是就会有意无意地对他人刻薄,以此为自己找到一些存在感。

(4)缺乏稳定的自我评价系统。青春期的学生,大都缺乏自我认知,还没形成稳定的自我评价系统。一旦别人对他做出了负面评价,他就会产生自我怀疑,然后把对自己的不满投射到其他同学身上。"阴阳怪气"是一种成本较低的伤人手段,因此不少学生会使用这种手段来表达自己的不满,以及对他人的厌恨。

(5)虚荣心特别强。虚荣心强的人,什么都想得到,一旦得不到自己想要的,就会把心中的不满发泄给他人。阴阳怪气地讽刺别人是他们常用的方法。

(6)情商低,说话不顾及他人感受。有些学生,纯粹就是情绪感知能力低,缺乏同理心,但是他们主观上并无恶意,仅仅是不会换位思考,无法做到感同身受而已。

(7)存在性格缺陷。有些学生,不论何时何地,也不管面对何人,都喜欢阴阳怪气地说话,待人刻薄。这样的学生不多,但一定存在。其本人也知道自己这张嘴有"毒",但就是改不了。

(8)缺乏表达技巧。这类学生占大多数,他们主观上想把人际关系搞好,客观上却一开口就让人很难接受。对于这类学生来说,只要教给他们与人沟通的方法和正确的表达方式,便能改掉说话阴阳怪气的习惯。

针对上述原因,班主任需要根据自己班级学生说话的态度、表情、语气等去分析他们究竟属于哪一类情况,再根据"病理"情况对症下药,"药方"如下:

（1）对于心理存疾、人品无瑕的学生。可以借助心理医生的分析，让学生知道，对人说话阴阳怪气的背后是心理疾病，需要进行治疗。关于这些心理疾病的知识和如何自我治疗的视频在短视频平台上都能找到。班主任要提高自己搜集整理信息的能力，整合网络上各类有利于学生健康成长的资料。

（2）对于口无遮拦、说话缺乏表达技巧的学生。班主任要教会他们非暴力表达的方法。那就是无论发生什么事，先管理好自己的情绪，然后不做评论地进行陈述。陈述完毕之后，告诉对方自己的感受，最后向对方提出合理的要求。比如，某同学在球场上有些个人主义，不愿意与其他同学配合，这时其他同学阴阳怪气说他几句的确很解气，但并不能解决实际问题，相反还会激怒对方，导致整个球队分崩离析。此时，可以引导学生这样说："某同学，刚才那个球你若传给中场的同学，可能就进球了，虽然略有遗憾，不过没关系，你后面注意传球，各个位置打好配合就行了。总之，注意安全，友谊第一，比赛第二。"这样说话，说的人轻松，听的人愉快，就不会产生矛盾。

（3）设计一堂"如何好好说话"的主题班会课。这堂班会课的目的就是让学生明白，阴阳怪气的表达方式不仅让他人感到不快，还会给自己带来风险。同时，要教给学生好好说话的方式，让学生习得恰当的表达技巧，为他们的未来人生做好铺垫。如果时间允许，班主任还可以写一出"阴阳怪气"的情景剧，请学生当演员，自己当导演，演给学生看，最后让学生来讨论"说话阴阳怪气究竟好不好"。班主任点评并总结学生的讨论内容，形成明确的观点：说话阴阳怪气，损人不利己，影响双方心情，破坏人际关系。

最后我要说的是，班主任自己平时说话要客观、理性，有理有节，温和谦逊。建议班主任说话时不要轻易使用反问句，尤其是排比反问句，这种句式容易让人感觉咄咄逼人，不舒服。班主任如果能克制地表达，友善真诚地与学生说话，就能有助于学生群体中的说话阴阳怪气之风慢慢消散。俗话说，什么样的班主任，就会带出什么样的学生。这句话虽然只是经验之谈，但不无道理。

26. 学生考试后情绪很崩溃，班主任怎么做才能帮他们重树信心？

@钟老师：我是一名初三年级的班主任，前几天初三区第二轮模拟考试（以下简称"二模"）结束，班里的学生没有一个欢呼雀跃，个个哭丧着脸，心情特别沮丧。他们说，语文阅读量太大，题目没做完；理化题目很难，做得特别痛苦；数学题目很偏，让他们完全陷入自我怀疑之中；只有道德与法治和历史的题目让他们稍许有些安慰。他们还说，二模都考砸了，中考就更没信心了，最后两个月干脆"摆烂"算了。目前，全班学生的情绪都很崩溃，我该如何帮助学生舒缓焦虑情绪，让他们重树信心呢？

这种情况我也遇到过。我之前带的一个班的学生在考完区二模后，也是考得个个垂头丧气，甚至还有一个学生写了一篇长文，文中充满了对考试结果的失望和无奈。原本想靠着区二模来增强学生的信心，让他们通过这次考试看到中考并没有想象当中那么难。哪知道每门学科的试题都是平时练习时很少见的题型，就连学力很强的学生考完心里都没有把握，何况那些学力中下的学生呢。这场考试下来，别说中等生们，就连优等生都受到了很大的打击。距离中考只有50来天了，学生们输不起，我也等不起，我不是袖手旁观让学生自己消化沮丧情绪，而是站在学生的角度，与他们共情，将他们从失败的泥淖中拽出来。那么，我是怎么做的呢？

（1）引导学生正确理解这场考试的结果。我对学生说："开学至今两个月以来，我看到了大家的努力，各学科老师也兢兢业业，我们都做了该做的事，但大家在考试的时候，发现距离自己的预期目标还很远。这不能说明你们学得不好，而是命题者过度创新，出现了很多你们没见过的新题型，致使大家在短时间里很难将这些题做出来。这次考试，就算考得不理想，对中考也不会产生很大的负面影响，相反还会起到助推作用。咱们后期复习可以有针对性地做些新题型，开拓复习思路。"

我在安抚学生情绪的时候，没有引导学生把考试不理想的原因归根于自己不够努力，付出时间不够多，方法低效等，而是指向了命题者出题偏、难、怪上。有人会问，我这样做，是不是在诱导学生逃避问题呢？我之所以引导学生如此归因，有两个原因：其一，这套题目对学生确实不够友善，过分追求命题的形式新颖，忽略了学生的实际学习情况。目前全区成绩已经出来了，数据表明，这套题使得绝大多数学生变成了失败者。其二，学生考试后的情绪特别低落，他们当时最需要的是情感支持，而非直面失败剖析自己。果然，我给予学生情感支持后，他们的心态一下子放轻松了，个个笑着说还是我特别懂他们。

（2）给学生播放动画短片舒缓学生的焦虑情绪。我给学生播放了一部名叫《男孩、鼹鼠、狐狸和马》的动画短片，这部动画短片荣获第95届奥斯卡最佳动画短片奖，根据查理·麦凯西（Charlie Mackesy）同名畅销小说改编，讲述了迷路男孩在荒原与相遇的伙伴们一起寻找家园的过程。这部动画短片对舒缓焦虑情绪有特别好的功效，尤其是学生考试没考好，正处于沮丧绝望的情绪之中，观看该片能起到很好的治愈效果。

那天二模考试结束后还有一节课，是我的课。当我走进教室时，学生问我："是订正语文答案，还是道德与法治答案？"我笑着说："什么答案都不订正。"学生又追问一句："那是讲作文？"我继续笑着说："作文也不讲，我请你们看动画片。"全班学生听后欢呼了起来，这对他们来说的确是莫大的惊喜。距离中考不足两个月，时间对他们来说非常宝贵，我还拿出一节课给他们看动画片，这对他们来说实在是太奢侈了。但在我的教育理念里，没有什么比学生的身心健康更重要。学生们考试之后，尤其是考砸了之后，情感价值必须凸显出来。

这部动画片我已看过两遍，我的注意力就不在画面上了。我缓慢轻柔地在教室内走动，悄悄观察学生们的反应。有些学生把注意力放在轻松搞笑的对话和动作上，它们贡献了不少笑点，使得教室里的氛围特别轻松愉悦。有些学生把自己代入到剧情里，身体跟着动画里的动物不停地晃动。还有些学生被动画片里的对白打动，他们眼眶通红，泪水泫然。我默默观察，心中感慨，但一语不发，就这么安静、认真、放松地陪伴着学生。

看完动画片，我打开事先准备的PPT，给学生们解读了动画片里的一些金句。比如："你有没有觉得很奇怪，我们只能看见外面，但几乎所有事都发生在我们内心。"正是因为内心特别想赢，所以一旦觉得自己没有考好，便情绪崩溃，然后陷入自我怀疑中。比如："善待自己是最大的一种善意，我们总是在等待别人的善意，但是你可以从现在开始就善待自己。"原本努力复习了，但还是遭遇了滑铁卢，既然已成既定事实，那就不必纠结，同学间相互安慰，晚上回家吃些美食，心情自然就好了，这就叫善待自己。

PPT里的内容特别丰富，但其中很多内容并非我原创，是我找心理老师要的。学生考完第一场，我就知道他们的心态要崩，我要做好充分的准备，站在学生的身旁，接住学生的情绪，成为学生心中的微光，帮助他们走出至暗时刻。

果然，当学生看完动画片，又听我这样一番解读后，他们的生命状态犹如春雨滋润过的花草般生机勃勃，快乐和自信又重新写在了他们的脸上。

晚上放学时，学生问我家庭作业是什么，我笑着高声答道：

①吃一份令自己开心的食品。

②放空至少半个小时。

③对着镜子大声喊道："我棒，我很棒，我真的很棒！"连续喊5~8遍。

最后，我还特意嘱咐："如果这三份作业都不足以让你从沮丧中走出来，那么我特批你放假一天，条件是不准用手机，只能在床上辗转反侧，唉声叹气。"

学生们听我说完后，个个高兴得手舞足蹈，激动得语无伦次，教室里顿时弥漫着一股快乐的气氛。我看着他们的样子，既唏嘘，又感动。连续三个月的紧张备考，他们的身心已备受煎熬，心情真的很压抑。

第二天早上，我早早去了教室。其实我心里还是有些担心，我怕有些学生不能从沮丧中走出来，拒绝上学。事实上，所有学生都准时到教室了。我用目光悄悄巡视了一遍，每个学生的表情都显得很轻松。随后，我轻轻走到给我写长信表示"不想学，也不想活"的学生跟前悄声问："我特批你在家休息一天，怎么又来了？"这个学生抿嘴一笑，小声回我："我调整好状态了，所以就来了。"我没有说话，朝她笑笑，拍了拍她的肩膀，给她竖起了大拇指，然后激情满怀地组织大家早读。

学生的情绪安抚好了，考试失利带给他们的伤害也就逐渐消失了。接下来，我就要带着他们直面失败，找出考试失利的原因。这次的归因就要追溯到学生自己身上了：客观上说，是复习时间投入不够，还是复习方法不对，抑或是复习范围没找准？主观上说，是自以为是、掉以轻心，还是拖拉磨蹭，抑或是信心不足、放任自流？总之，只有找到问题，才能分析问题和解决问题。

由于学生的情绪已经趋于平和，已经能坦然接受考试失利的事实，当重新面对试题时，他们就不再把焦点聚集在吐槽命题老师上，也不再评价题目偏、难、怪，而是心平气和地进行自我反思。最后他们得出一致的结论：还是复习不到位，学习时间不足，刷题不多，记忆不准，缺乏持之以恒、精益求精的精神。

一场集体焦虑就这样被我轻松化解了，学生们又开开心心地投入到第二轮复习中。我相信，学生们在经历了这场考试失利后，他们的心性会变得更加坚韧。

27. 班里出现泄密风波，班主任该如何控制舆情并保护受害学生？

@钟老师：我是一名七年级班主任，最近我班上发生了一件让人特别头痛的事，希望得到您的帮助。我班A女生与B女生原本关系特别好，两人无话不谈。A女生曾经告诉B女生一个秘密，她说她小时候曾被表哥性骚扰。这件事连她的父母都不知道，唯独告诉了B女生。A女生反复叮嘱B女生一定要给她保密，B女生也信誓旦旦地向A女生表示一定会守住这个秘密。哪知后来两个女生因为一些琐事闹了矛盾，进而分道扬镳，还因为一些误会令两人的关系势如水火。B女生为了打击报复A女生，索性将A女生的隐私告诉了班上其他女生。A女生的秘密一经泄露，就像长了脚一样，一时间班内谣言四起。A女生气得在班上歇斯底里地大喊大叫，从此与B女生结下梁子，班上很多同学也都卷进了这起矛盾里。

事情演变到这一步，对班级管理的副作用确实挺大。我作为班主任必须要第一时间跳出来控制舆情，不然，事情一旦演变到不可收拾的地步，可能还会出现难以预料的恶果。那么，我应该怎么说，怎么做，才能把舆情控制住呢？

首先，既然事情已经公开化了，班主任就不必遮掩了，而是要当着全班学生的面义正词严地说："这个性骚扰事件是否真实发生还未确定，现在大家听风就是雨，捕风捉影，传播谣言，对 A 同学造成了严重的伤害，是违法行为，是要受到法律制裁的！如果大家再不停止造谣和传谣，我会立即报警，将造谣者和传谣者交由司法机关处理！"

班主任说完这番话后，立即委任四名聪明、胆大、心细，且有正义感的学生做安全委员。其中两名学生负责网络安全问题，一旦发现学生在班级群里泄露 A 同学隐私并传播，立即叫停或批评。对于那些用小号在网络上胡编乱造的学生，要深挖彻查。

其次，班主任要对 A 女生进行心理疏导。情感上，班主任要明确告诉 A 女生，她没有错，错的是泄密者和传播者。不论别人怎么议论 A 女生，老师在情感上都要站在 A 女生这一边。班主任要坚定地告诉 A 女生，泄露他人隐私和传谣的同学都会受到学校的处分。行动上，班主任要公开、严肃地批评泄密者和传播者，并勒令他们向 A 女生真诚地道歉。接着，班主任还要将泄密者和传播者的行为用文字客观地阐述出来，由当事人签名确认，然后上报学校，请求学校领导按学校制度对泄密者和传播者进行行政处分。处分之前最好通知家长到校，将学生的不良行为，以及造成的不良后果告知家长，要求家长对孩子加强教育。有些班主任会担心家长护短，来学校不仅不配合学校工作，还有可能对班主任问责。那么，我真诚地告诉所有担心的班主任，不要害怕，大多数家长都会积极配合学校工作。即使家长不讲理，在公理正义面前，只要班主任不卑不亢，坚持原则和底线，坚定不移地站在正义这一边，家长最终会理解的。

至于所谓的性骚扰事件，班主任把舆情控制好之后，要与女孩进行深度的交流。此事在舆情上已经对 A 女生造成了很大的伤害，班主任要及时善后。班主任要么去学生家里家访，要么约学生家长到学校面谈。不管是家访，还是约谈，班主任都要给家长提供语境、心境，乃至环境的安全感。班主任在向家长陈述性骚扰事件时，切忌进行价值判断和随意推理。至于这件事是报警，还是私了，由 A 女生的父母决定。毕竟这件事情涉及亲情伦理，A 女生的父母如何权衡，班主任也做不了主。但最起码，班主任要亲口告诉 A 女生，不论这件事情怎么处理，她都没有任何过错，该受到谴责和惩罚的，应该是犯错的人。

关于泄密和传播的事情，班主任也不必遮掩，要对 A 女生的父母据实以告。要真诚地向他们表示歉意，也要明确地告诉他们自己的立场，更要把学校的处分决定告知他们。唯有这样做，A 女生父母的愤怒情绪才能得到平复。

接下来，班主任就要反思了，为什么 A 女生会把藏在心底最私密的事情告知他人？为什么 B 女生承诺守住秘密，最后又恶意传播了呢？这件事演变成滔滔舆情，一是班主任缺乏预设意识，忽略了青春期学生天生有一颗好奇、八卦的心，没有提前对学生进行边界感和保密性的教育。二是青春期女孩心智不成熟，缺乏边界感，更缺乏自我保护的意识。班主任如果能够在学生一入校时就重视相关问题，为学生设置身体、心理、言语的边界，同时对学生进行"不泄露他人隐私，不传播"的品德教育，那么发生泄密和传播的概率就会很小。但现在泄密和传播已经发生了，后悔已经没有作用了，只能用心补课了。那么班主任该怎么补课呢？

（1）指导女生如何交到好闺蜜。首先，要告诉女生，好闺蜜的标准是人品好、嘴巴紧、不贪婪、不虚荣。就算有一天两人关系闹崩了，鉴于对方是品德高尚的人，最多也就互不理睬，绝对不会泄漏对方的隐私。但凡那种喜欢搬弄是非，喜欢传播别人隐私的女生，一定要跟她保持距离。如果觉得上述道理略显空洞，班主任就讲一些社会上的真实案例给女生听。

（2）教导女生分享秘密时一定要坚守三条底线。第一条，说出来就会伤害自己名誉的秘密绝不说。第二条，说出来就会被别人攻击人品低下的秘密绝不说。第三条，说出来就会成为别人要挟的把柄的秘密绝不说。总之，一切不想他人知道的事情，都要把嘴巴闭得紧紧的，尤其是那些一旦泄漏出来就会令自己尴尬、充满危险的秘密，无论如何都不要说。

（3）让全班学生一起做一个传播故事的游戏。具体操作方法是：班主任写一个150字左右的小故事，时间、地点、起因、经过、结果都要有。让第一个学生将小故事背下来，然后开始一对一悄声传播。直到全班同学都传播完毕后，请最后一个同学把听到的故事完整地写到黑板上。班主任再把先前写的小故事用 PPT 放映出来,两者一对比,内容跟之前的故事可能完全不是一个版本,甚至还会背道而驰。这个游戏的目的是让学生意识到:泄露并传播他人隐私实在太离谱了,会对他人造成很大的伤害。这样的游戏,我带每个起始班级时都要做两三次,目的就是让"不泄密、不传播"变成学生的人生价值观。

(4)给全班学生上一堂法治班会课。上这堂班会课的目的就是要让学生知道,泄露和传播他人隐私都属于违法行为,情节严重的,会构成刑事犯罪。班主任一定要在学生没有出现泄露、传播他人隐私行为之前告诉他们泄露、传播他人隐私会受到怎样的法律制裁。只有这样,才能避免出现不可收拾的后果。

我在初中学段带了 30 多年班,各种类型的学生都见过,平心而论,真的很少有学生蓄意去伤害自己的同学。很多时候,他们做出的一些伤害性行为,完全是无知造成的。无知这个病根若不尽早拔除,就会生出恶,伤人而不自知。

28. 早恋越来越低龄化，班主任该如何应对和疏导？

@钟老师：我是一名小学四年级的班主任。我有一件特别棘手的事情想要请教您。别看我带的班级才小学四年级，可班上已有四对"小情侣"，而且当事人都承认了"恋爱"事实。我问了我们学校其他班级的老师，得知几乎每个班都有谈"恋爱"的学生，甚至连小学三年级的学生都在大张旗鼓地谈"恋爱"。现在早恋越来越低龄化，我给学生们讲爱情观，他们也不懂，给他们讲早恋的弊端，他们也不信。遇到这种情况，班主任该怎么办呢？

哪一种情况算是低龄化的早恋呢？迄今也没有科学的年龄界定。仅从经验判断，9～12岁的孩子，异性之间喜欢在一起聊天，彼此送礼物以示好感，不反感同伴说自己在谈恋爱，勉强称得上"低龄化早恋"。

9岁以前，男孩女孩之间的互相喜欢，算不上早恋，只能算两小无猜。即使真的是所谓的"早恋"，也只是在模仿成人过家家。

很多班主任提到，现在很多小学生都自动配对了。面对这种早恋低龄化现象，很多班主任特别惊慌，不知道该如何应对和疏导。

首先，班主任发现学生交往亲密时不必惊慌。现在的孩子接触到的信息渠道多，会更加成熟些。我读小学时，男女生之间交往不多，男女同桌还得划"三八线"。这种风气貌似很正，但并没有让男女学生因此变得更优秀，也并没有阻止个别男女学生偷偷谈恋爱。现在的学生，男女之间交往相对自由，男女同桌还互相打闹，看起来男女生界限不明，但不得不承认，现在的学生能更加勇敢地表达自己。

其次，班主任要看到小学生异性交往的真相——女生想得多，男生说得多，真正付诸行动的并不多。小女生经常幻想白马王子突然造访，带她去游乐园、公园等地方玩。她们的重点在于一起玩，有人听她们说话，分担她们学习和生活中的烦恼，她们就特别开心了。小男生经常会用戏谑的语气嗑班上某些同学，说某某和某某在约会，这些班主任都不必太当真。学生们在这样美好的年龄，情窦初开，对异性之间的美好感情产生遐想，我觉得是一件很正常的事，不必大惊小怪。

第三，理解并呵护学生对爱的表达。班主任如果不能理解学生的情感发育过程，就很容易对学生的情感表达进行价值判断，甚至还会与学生的道德品质挂钩。那么，学生的情感发育过程究竟是怎样的呢？

3~6岁，孩子处于婚姻敏感期。为人父母的班主任大抵有这样的经历，儿子对妈妈说，他长大要娶妈妈做老婆。女儿也可能说过要嫁给爸爸。我儿子小时候也说过长大要与妈妈结婚。这个阶段的孩子，对婚礼现场特别向往，尤其是女孩，看到穿婚纱的新娘特别羡慕。上幼儿园的小朋友还会告诉自己的父母，他在幼儿园已经有喜欢的人了。

6~11岁，孩子开始向往成年人的交往方式。男孩和女孩若是彼此有好感，他们会找机会独处，还会相互传纸条，彼此送礼物。女孩会把自己的小心思告诉闺蜜，男孩被同学调侃也不会回避。表面上看起来，他们表现出来的行为很像在谈恋爱。其实，他们只是在模拟恋爱，算不上真正的恋爱。班主任不要给他们贴上"早恋"的标签，更不可对他们进行审问和批评。这个阶段的孩子身体发育还未完全进入青春期，他们的性冲动还不明显，危险性很小，正是班主任引导孩子正确对待男女感情的最好时机。

具体怎么引导呢？

如果两个小学生"谈恋爱"了，并且还表现在明面上，班上同学也议论纷纷，甚至谣言满天飞。班主任需要做到以下三点：

（1）及时遏制班上学生的无端议论。班主任可以在班上当众说："以我的经验来说，我可以非常专业地告诉大家，他们算不上真正的谈恋爱，只能算是玩得比较好的同学，是关系比较亲近的好朋友。"

班主任为什么要站出来正名呢？小学生的是非观、感情观都还没完全形成。如果任由班上学生议论，一是会把班风带坏；二是会激发交往过密学生的叛逆心，让他们由假恋爱变成真恋爱；三是会挑动其他学生的心思，届时人心浮动，问题频发。

（2）云淡风轻地指导学生的感情。把两个所谓恋爱的小学生找来，开门见山地问："你们互相表白了？"

通常情况下，即使这两个学生真的彼此喜欢，并且已经互相表白，在老师面前，他们也不会爽快承认，而是会一口否决。

班主任也不必强求学生承认。承认与不承认都不重要，重要的是班主任要顺势说这样几句话：

"你喜欢他没问题。每个人都有喜欢别人的权利。我不赞同你谈恋爱，但我尊重你喜欢他人的权利！

"你有喜欢别人的权利，但别人也有权利不喜欢你。维护自己权利的同时，也不可践踏别人的权利。

"万一别人不喜欢你，你不可以强迫。哪怕心里很痛，心情很恶劣，也只能自己承受，尊重别人的选择。"

这就是正确感情观的引导，班主任必须要趁机把这个情感价值观播种在学生的心田上。等他们长大后，他们就会理性对待自己的感情。

（3）帮助学生建立和谐稳定的朋友圈。低龄学生如果有关系亲密的玩伴，就会把心思集中在维护朋友关系上，而不是忙着去谈恋爱。因此，班主任要刻意为学生建立健康的朋友圈，让学生能够扩大交际面，比如，建立稳定的官方学习小组、卫生小组、作业小组和活动小组等。班主任为每个学生都设置岗位，让每个学生都有位可占，有事可做，这样就没有时间去想谈恋爱的事情了。

最后，我还建议班主任务必要走进学生的原生家庭，全方位了解学生的父母关系是否和睦，给予孩子的关爱与陪伴是否到位。一个生活在安全、有爱、健康、和谐的家庭里的小学生，是不会轻易谈恋爱的。如果学生谈恋爱是因为受到网络上不良内容的影响，或者纯粹就是好奇心驱使，只要家长稍加关注，班主任正确引导，问题就能解决。

29. 学生早恋分手后出现偏激行为，班主任该怎么应对和疏导？

@钟老师：我是一名七年级的班主任，我班上有三四对谈恋爱的学生。对于学生谈恋爱，我采取了正面引导的方法。但是，对于学生恋爱过程中出现的一些问题却不知该如何处理，比如有些学生很脆弱，既想谈恋爱，失恋之后又受不住打击。我班上有个女生，男朋友主动向她提出分手，她接受不了，每天不是在教室里无端发脾气，就是趴在课桌上哭泣，甚至还用小刀划自己的手臂。请问钟老师，对于学生出现这种偏激行为，我该怎么应对和疏导呢？

大多数男女在恋情结束后，伤心一阵子后也就慢慢走出来了。但也有一些男女在恋情结束后，很难从伤心的负面情绪中走出来，甚至还会做出一些偏激的举动。何为"偏激"呢？就是指思想、主张、言论、行为等过火，有失中肯或是超出大众的理解接受范围，无法为大众接受和认同。七年级的学生精神尚不够独立，还没有形成成熟的是非观，他们失恋后的"偏激"行为具体表现在哪些方面呢？

（1）伤心欲绝，无法自拔。恋情一旦宣告结束，有些学生就会感到五雷轰顶，伤心欲绝，整日沉浸在伤心痛苦之中，食之无味，寝之无眠。他们看不到希望，想不到未来。长者的警告、亲人的劝告、朋友的开导，他们充耳不闻。

（2）自残自杀。这种情况一般是爱而不得的一方，或者被抛弃的一方，通过伤害自己的方式来发泄情绪或者控制对方，以达到让对方回心转意的目的。这种做法只会令心爱之人越走越远。

（3）低声下气，死缠烂打。失恋一方为了挽回对方的心意，不顾颜面，低声下气说尽好话，苦苦哀求。对方若不回心转意，就采用哭闹、跟踪、堵截、跪求等方式胡搅蛮缠。

（4）骚扰、谩骂、诋毁对方。失恋一方心有不甘，利用各种机会故意骚扰对方，或者谩骂、诋毁对方。他们的目的是令对方名誉扫地，心生恐惧。

（5）用迷信思想麻醉自己。有些学生失恋后，会把这一切归咎为命运，或者是星座移位，时空错乱，甚至还有学生认为是血型不配，生肖犯冲。于是就会花钱去网络上算命，测八字，占星问卦，最后被网络骗子欺骗。

（6）人前装，人后哭。正常情况下，失恋者会在人前黯然神伤，人后伤心欲绝。但也有些学生，人前装出什么事都没发生过，甚至还兴高采烈，人后却整日以泪洗面，寝食难安。

我的建议是，班主任千万别等到事情出来之后才来疏导，这太被动了，并且很难达到预期效果。若要想解决这个问题，还需要把工作做到事发之前，预防永远比治疗效果更明显。那么该如何预防呢？

培养学生正确的恋爱观。具体内容如下：

（1）男女双方必须两情相悦，不可通过不正当手段逼迫对方。

（2）喜欢一个人，必须给对方安全感，即便有一天对方不喜欢自己了，也要拿得起放得下。

（3）爱和不爱，都是一个人的权利。只要对方没有做出伤害自己的事情，就没有理由去指责对方。

（4）恋情结束，过往不念，优雅转身，祝福对方，独自修复。

正确的恋爱观，老师不仅要讲，还要反复讲，要让学生从心底里认同。唯有这样，当他们恋情失败后，才不会做出偏激行为。

提前预防确实是个好办法，能够防患于未然，即使不能完全防患，最起码可以做到把事情的伤害降到最低。但很多时候，班主任疏于跟学生谈感情问题，总害怕这个问题还没说清楚，学生"早恋"的欲望却被某些言论撩了起来，那可就麻烦了。如果事前没有预防，学生"早恋"之后又出现了偏激行为，班主任该怎么办才好呢？有以下几点做法可以作为参考：

（1）讲道理。班主任要真诚地告诉失恋的学生，爱情固然重要，但不是人生的全部。一个人，除了爱情，还有亲情、友情。班主任要细细地、慢慢地，春风化雨般把关于爱情的道理给学生说清楚。如果学生能听进去，说明学生有慧根；如果学生听不进去，班主任也不要着急。班主任平时要多关注学生的一举一动，及时做出准确的回应，也可以安排学生的好友时时陪伴并善意开导。

（2）诉真相。2000年，"诺贝尔生理学或医学奖"获得者阿尔维德·卡尔松、保罗·格林加德和埃里克·坎德尔，从生理的角度向人们揭示了爱情的真相。他们认为，一个人进入青春期，之所以会对异性产生好感，均源于性激素的分泌刺激了大脑皮层的神经递质多巴胺所致。多巴胺的分泌会让人感到兴奋和快乐，容易对异性一见钟情。进入恋爱状态的情侣，身体会分泌苯乙胺，分泌乙胺的量比平时高出2~5倍。苯乙胺可以让人产生爱情的高峰体验，就是俗话所说的那种"来电"的感觉。但是，一对情侣之间来电的感觉最多只能持续30个月左右，也就是说，爱情是有保鲜期的。

（3）多渠道关注偏激者的一举一动。有些失恋者做出偏激行为，一是做给对方看，让对方产生内疚心理，二是想要在大众面前挽回自己的面子。有些失恋者确实是因为无法接受分手的打击，一下子蒙了，不知道应该怎么正确处理，糊里糊涂就做出了偏激行为。有些失恋者平时情绪就比较低落，一旦遭受失恋打击，就更容易情绪失控，负面情绪释放得更强了。但不管是哪一种偏激行为，作为成年人的老师和家长，都要多包容和理解学生心中的痛苦，要运用同理心去感同身受。平时多陪他们说话，陪他们玩耍，陪他们散心，让他们真实地感受到，即使没有了恋人的陪伴，还有家人和朋友。让他们真切地感觉到身边的亲人和朋友更值得珍惜和留恋，他们就不会做出偏激的举动。

总之，不管用什么方法去帮助失恋的学生从痛苦中走出来，都不要忘记要有同理心，一定要感同身受。如果老师不能与学生共情，不能感受他们心中的痛苦，就不能把学生从痛苦的深渊中拉出来。

第四辑 提升班主任的人际力

30. 年级组长工作越界，班主任该如何有效沟通？

@钟老师：最近我有一个困惑，我的年级组长一直有意无意地在我面前说我们班的不足。我教龄10年，来这个学校已经3年了，领导委以重任让我带高三一班，一班和二班都是重点班，但一班各方面一直比二班突出一些，我感觉我的管理也不错。

我们组长是这个学年新上任的，她教一班和二班的语文。不知道从什么时候开始，她总是有意无意地在我面前说我们班学生的问题，诸如作业、课堂纪律等，而且常把自己觉得有问题的视频发在家长群里。

这次，她拍了一个物理课上两名学生睡觉的视频发在家长群里，配的文字是"高三学生的学习状态令人堪忧"，又发了一个一班和二班作业量的对比视频。作业的事情也有起因，前一天我看见她在二班收作业收了4本，一班收了22本，然后她在二班要求"明天不交作业叫家长"，二班作业马上交得多了。诸如此类联系起来，我实在有点难以应付。请问钟老师，我该如何应对？

年级组长的岗位职责是什么？各个学校都会根据学校的办学理念提出明确的要求，各个学校的要求有差异，也有共性。为了清楚准确地界定年级组长的工作边界，我把年级组长岗位职责的共性整理出来以供大家参考：

（1）全面负责本年级常规管理，定期参加学校德育工作会议，按照学校工作方案，结合本年级实际，制定本年级工作方案，并督促本年级班主任制定班级工作方案和检查其贯彻执行情况。

（2）与分管本年级的学校行政领导一起，全面负责本年级的工作和教育、教学质量，培养良好学风，关心本年级学生德智体美劳诸方面的成长，安排好学生的课内外学习生活，协助班主任开好家长会，召开学生座谈会，了解本年级教育教学情况，及时做好总结、反馈、协调工作。

（3）全面协助本年级班主任处理工作中遇到的难题，处理本年级的突发事件，协调年级内部各种关系。

这个岗位职责里面有两个关键词，分别是"全面"和"本年级"。也就是说，年级组长的工作是带着本年级的老师和学生落实学校的办学理念，负责的是整个年级的各项工作，而非把重心放在自己所任教的班级上，更不会把目光聚焦在某一个班主任身上。

这位年级组长总是有意无意地在自己任教班级的班主任面前说这个班不好，又把任教的两个班的作业量对比图发到家长群里，甚至还把学生睡觉的视频发到家长群里。很显然，这个年级组长对自己的新身份还没产生认同感。她的做法也超越了自己工作的边界，让班主任难以自处，同时，还会降低班主任在家长群体中的威信。

鉴于此种情况，班主任该如何与这位新上任的年级组长沟通，才能化解这种局面呢？

（1）直面真实问题。于自己而言，肯定问题的存在，不回避；于对方而言，只谈问题本身，不谈对错。当年级组长对班主任说："你班的课堂纪律不好，不是大声吵闹，就是窃窃私语，作业也交不齐，甚至还有同学睡觉，学生都高三了，怎么是这样的学习状态？真是太让人担心了。"这个时候班主任该如何承接年级组长提出来的问题呢？那就是不做任何反驳，也不谈论对错，而是承认问题存在，再展开信息增量。班主任可以这样说："你说的这些事情，它确实存在，高三的学生，已经火烧眉毛了，他们却一点都不着急，我都替他们着急。某某同学，不管哪个老师上课，总是爱讲话，爱带节奏，我已经提醒他很多次，他总是口头承诺改正，行动上却不见效果。还有作业问题，每天早晨我都催他们交作业，才20来个同学交作业，我就不明白了，他们真的没时间写作业吗？现在好了，有你来帮忙，我有信心处理这些问题了。"

班主任如此一说，年级组长获得的信息量就很大了：一班的班主任不容易，一班的学生不好管，一班的班主任需要她的帮助。只要年级组长脑子里生成了这些信息，她与班主任就建成了一个命运共同体，她们需要齐心协力共御"外敌"。

（2）重建统一目标。年级组长总是当着一班班主任的面说一班不好，说明一班学生的表现确实没有达到她的预期。从年级组长的表现来看，她也是想抓牢这两个重点班，来年高考才能取得优异的成绩。她的目标与班主任的目标明显是有交集的。那么她在表达不满时，班主任就必须接住并且将对方的目标变成自己的目标，当着年级组长的面重建班级目标。建议班主任这样对年级组长说："我跟你的目标是一致的，我也想整顿一班的班风，想惩罚那些不交作业的学生，想提醒家长配合学校强力督促他们的孩子。现在你来了，我的底气足了，腰杆硬了。我打算利用一节班会课整顿班风，营造浓厚的学风。同时还要安排纪律委员加强课堂管理，严打不交作业的行为，还请你帮我出谋划策啊！"

目标统一了，态度表明了，邀请发出了，年级组长就与班主任站在同一个战壕里了。这个时候，班主任还要趁势向年级组长提出建议，把年级组长推回她自己的地界。

（3）提出合理建议。年级组长将一班和二班的作业量对比视频发到家长群，将两名学生睡觉的视频发在家长群里，并且还配有"高三学生的学习状态令人堪忧"的文字，这样的工作方式简单粗暴，很显然没有考虑到学生家长的感受。随便在家长群里发动态，更没有考虑到班主任的感受，这是典型的越界行为。她的行为给了班主任莫大压力，但班主任碍于人际关系，又不敢直接表达不满，于是闷在心里跟自己内耗，这当然不是正确的管理之道。但一个新上任的年级组长，身份转换还没完成，管理格局还没打开，将工作重心盯在局部也很正常。建议班主任这样对年级组长说："我知道你很忙，今后这些抓作业的事、得罪家长的事，就交给我来做吧。你安心抓全年级的工作，我全力为你排忧解难。相信我们年级在你的带领下，明年一定会取得让人满意的成绩。"

这些建议完全是站在年级组长的角度提出来的，班主任不显山不露水地将年级组长推向整个年级。如果年级组长今后还越界，就用同样的方法与年级组长沟通。假以时日，年级组长就会明白，当个管理者不仅要有责任心，还要有高情商，更要有领导力。

31. 科任老师说话刻薄，班主任该如何应对？

@钟老师：我是一名新班主任，跟我搭班的科任老师教龄比较长，在学校又很有威望，可是学生经常向我反映科任老师说话刻薄。请问，面对比我经验丰富、年龄比我大、地位比我高的科任老师，我该如何沟通呢？

案例中班主任说这位科任教师教龄比较长，这就意味着该老师资历深、人脉广，在学校很有话语权。我建议这位年轻的班主任采取迂回作战的方法与说话刻薄的科任老师沟通。

战术一：有时间就去观察揣摩这位老师说话刻薄的背后究竟是什么原因。如果是出于对学生的关爱和恨铁不成钢的焦急，那就去劝慰学生，对于老师的刻薄之语，一只耳朵进，一只耳朵出，重视其学科，向这位老师学知识，不学其表达方式。同时，班主任也要严抓纪律，搞好班风建设，指导学生最大程度配合科任老师的要求，尽量避免科任老师说话刻薄。

战术二：如果这位老师的刻薄之语只是为了羞辱与控制，且超越了一个教师的师德底线，那就让学生把这位老师的话记下来，采用"先礼后兵"的战术。即先由学生代表给该科任老师写信，提醒老师尽量规避刻薄的语言，以免给学生造成心灵伤害。如果该老师依旧不改变原来的说话方式，还大发雷霆，更加肆无忌惮地用刻薄话语羞辱学生，那就让学生找校长投诉吧。教会学生正确维权也是一个正直的班主任应该做的事。

战术三：找个"工具人"做挡箭牌，把不敢直言相告的话说出来，以震慑这位老师。这个"工具人"最好是学生家长，并非实指某一位具体的家长。班主任可以这样说："某老师，班上有几位家长在背后议论，说您说话太直白（注意措辞，千万别说"刻薄"一词）了，他们的孩子心灵特别脆弱，受不住打击，万一因此抑郁了，他们就要去教育部门投诉您。我听到这些话特别为您感到担心，您对学生掏心掏肺，可学生家长却有可能对您的做法产生误会。我本不该说这些话，担心别人误以为我徒增事端，但我实在忍不了，怕您一片好心被人误解，所以与您说这些话，希望您别怪罪我呀。"

科任老师听到家长心生不满，就算有些生气，心里也会生出忌惮之心，今后在学生面前说话就会稍加注意了。

这些战术都是一个年轻人为了大局息事宁人的做法。如果班主任觉得这些做法不会对自己造成不适感，那就可以尝试着去做。如果班主任觉得这些做法委曲求全，违背初心，那就听从自己内心的声音。我个人一直秉持的教育理念是：没有什么比学生的未来更重要！为了学生能健康成长，在不违背道德和法律法规的前提下，让我受气、妥协，甚至被误解，我都甘之如饴，毫无怨言。但这只限于我自己，我决不要求别人向我学习。

　　有时候既想把事情做好，又不想得罪人，是不太现实的。所以，班主任要根据实际情况来决定该怎样做。建议班主任在做事之前先评估一下风险大不大，以及自己的承受能力怎么样，尽量理智、智慧地处理问题。

32. 遇到不讲道理的家长，班主任该如何与其过招？

@钟老师：我现在遇到了不讲道理，还喜欢在背后讲老师坏话的家长（这些家长的孩子往往又是问题学生），作为班主任，我该怎么与其过招呢？您能不能给我们分享一两个您自己应对这种类型家长的故事？

我的建议是，遇到不讲理的家长，老师首先想的不是去跟他们讲理，也不是表达情绪，而是要找到"积极有为，正确为之"的积极应对法。

第一，好好跟家长说话。家校矛盾，多半起始于口舌之争。有些班主任说话直白不转弯，也有些班主任喜欢评价和判断，这种自以为是的本能式表达遇到通情达理的家长也就过去了，遇到那些敏感、急躁、护短的家长，风险就很大。他们轻则与班主任发生争执，扫班主任面子，重则找上级领导投诉，背后败坏老师的声誉。这样的家长心态不成熟，他们根本不会考虑孩子今后如何与老师相处，也不会考虑老师的教育是否还有效。这样的家长不多，但一定存在。因此，班主任与这类家长打交道时，说话一定要注意分寸，做到"四不要"：事情的真相还没搞清楚时不要轻易跟家长交谈，情绪不稳定时不要轻易跟家长交谈，与家长的关系没有建立起来时不要轻易跟家长交谈，语言没有组织好时不要轻易跟家长交谈。如果一定要跟这类家长交谈，班主任要提前做好功课，不要轻易评价事情本身，更不要对学生和家长的行为进行判断或者"戴帽子"，而是要采用去暴力化沟通的方式与家长进行交流，具体步骤如下：

（1）客观陈述事实；

（2）真诚表达感受；

（3）真实表达需要；

（4）提出合理建议。

比如，某位不讲道理的家长的孩子小 C 在学校玩小刀，不小心划破了另一个同学小 D 的手指。小 D 痛得大哭，找老师告状。班主任知道小 D 来自单亲家庭，他妈妈一边上班一边照顾他很辛苦，平时也很护孩子。这件事要是处理不好，估计双方家长都要到学校来吵，届时班主任就会左右为难，里外不是人。那么，班主任该如何处理这件事，双方家长才肯罢休呢？

首先是安抚小 D 的家长，班主任可以这样说："小 D 妈妈，说话前我先跟你说一声抱歉，由于我管理不够细致，导致今天小 D 的手指被小 C 不小心划了一道口子，我第一时间给小 D 的伤口消了毒，并用创可贴给包好了，我看着都心疼极了，我相信你看到就更心疼了。接下来我可要好好表扬你啊，你很会教育孩子，孩子小小年纪就那么勇敢和大度。我在给他伤口消毒时，他愣是没哼一声，见我心疼的样子，还劝我不要担心，他说他打针输液都没有哭过。伤口处理好后，我说要严厉处罚小C，他竟然劝我不要处罚，还说小C不是故意划伤他手指的，只是不小心划到而已，过几天就好了，你看他多明事理啊，这都得归功于你教育得好啊！"

大家有没有看出我把沟通的重点放在了哪里？那就是孩子对待意外事故的态度与做法。孩子都这般明白事理，家长哪里还敢无理取闹？

至于那个惹事孩子的家长，平时就表现出一副难缠刁蛮的姿态，班主任与其沟通时就要克制隐忍，但又要做到不卑不亢，具体可以参照上文提到的"去暴力化沟通四步法"，班主任可以这样说：

"小C家长，小C课间与小D玩耍时，不小心划破了小D的手指，导致小D出了不少血，疼得大哭，找我来投诉。

"我第一时间帮小D处理了伤口，安抚了小D的情绪，也与小D妈妈进行了沟通。不论是小D，还是小D妈妈，都原谅了小C。但我作为班主任，还是要把这件事情告诉你，并说一说我的感受。俗话说，手心手背都是肉，无论是小C，还是小D，在学校里出现了意外，磕了皮，受了伤，我都会很难过，毕竟我也是妈妈，能感同身受。大家把孩子交给我，就是对我莫大的信任，所以我不能接受任何一个孩子受到伤害。

"我告诉你这件事情，没有要责怪你的意思，你千万不要想太多了。我就是想让你了解孩子在学校究竟做了什么，你平时与孩子交流时，要多提醒不要把危险的工具带到学校来就可以了。你回家后，千万不要责骂或者殴打孩子，有事好好给他说就可以了。"

班主任言尽于此即可，不需再跟家长做过多解释。班主任始终保持客气的态度与克制的语言，没有对学生以及家长做任何评价，家长怎好找班主任麻烦呢？

我一直坚信，只要班主任管理好自己的情绪，不轻易评价孩子和家长的行为，不随意下判断和"戴帽子"，再难缠的家长都不会主动找老师的麻烦，毕竟他们主观上都希望老师关心自己的孩子。

第二，好好做事。家长背后说老师坏话，要么确实是老师自己没做好，被家长抓住了把柄；要么就是家长无中生有，恶意中伤；当然也有些家长缺乏理性思考，听风就是雨，选择相信自己孩子的一面之词。

对于上述情况，能解释清楚的，班主任就在班级群里做一个客观的解释，家长信，那是最好，不信，也就随他去。班主任接下来要做的，那就是低头认真做事。

班主任把自己该做的，能做的，尽量做好，不要随便给家长施加压力，也不要给家长分派任务。班主任守住自己的位置，依法执教，就算家长再难缠，也挑不出老师的纰漏。如果家长在背后说坏话，班主任不要着急，也不要跟家长争辩，而是心平气和地进行解释，解释完毕即可。班主任把更多心思放在学生身上，助力学生成长，这才是大事，才能赢得家长的认可和尊重。

《师说》有言："师者，所以传道受业解惑也。"老师是传授学生知识，教学生如何做人做事，而不是去教导家长如何与他人相处及沟通，老师对他们不负有教育的责任。

第三，理性公正对待孩子。有些家长对老师不满，是因为他感受到了老师的势利以及不公平，担心自己的孩子吃亏，所以总是在背后嘀咕。班主任要切记，不患寡而患不均。让家长们感受到老师对待自己的孩子和其他孩子一样公平公正，这对班主任来说，是很重要的事情。

就算班主任做到了公平、公正，也还是有家长鸡蛋里挑骨头怎么办？那就沉默以对，但是班主任要明辨事理，家长是家长，孩子是孩子，不能因为家长的过错疏离了孩子。

所谓"人上一百，形形色色"。不讲道理的家长肯定有，但一定是极少数。我个人觉得，不必戴着有色眼镜去看待一些家长的无理表现，或许他们无理的背后，藏着不为人知的无奈与隐痛。他们更需要老师的帮助，而不是给他们贴一个"不讲道理"的标签。

33. 配班老师管不住自己的课堂，班主任要不要伸手管？

@钟老师：今年我当班主任，配班老师是一位老教师。我班上有一名学生很有个性，有时会在配班老师的课堂上闹事，配班老师和该学生家长也闹得不愉快。我已经和该学生家长沟通过了，家长表示愿意配合老师的工作，但这个学生还是会在配班老师课堂上闹事。最后，配班老师责怪我这个班主任不解决问题。请问钟老师，这种情况我该如何处理呢？

按理说，自己的地盘自己做主，自己的课堂自己搞定！有些配班老师搞不定自己的课堂，主要由以下几点原因造成的：

（1）遇到欺软怕硬、无理取闹的学生。有些班级的学生违纪纯属"看人下菜碟"。遇到性格温和好说话的老师上课时，他们便很放肆。还有一些学生在非统考科目，比如书法、象棋、音乐、美术等科目的课堂上，也喜欢放任自己的行为。对于这类配班老师的课堂，班主任要大胆介入，立班规，树班威，严惩扰乱课堂纪律的学生。课堂上配班老师管不住学生已经很丢面子了，他们最需要的是可以在背后为他们立德树威的班主任的支持与助力。

我曾经遇到过一位性情特别温和的配班老师，他还未与我搭班时，我就知道他性情特别温和，学生在课堂上违纪，他不知道如何管理，只是默默地站在讲台上手足无措，因此他所任教的学科每一次考试都成绩不理想。

我与他搭班时，我就对自己说，我一定要帮助他在我的班级里找到教学的成就感！于是每次他上课之前，我都会声色俱厉地告诫学生："某老师是我的配班老师，你们谁要是敢在他的课堂上无理取闹，我一定严惩不贷！从今以后，某老师上课，你们要认真听，认真回答问题，闲话闲事一概不说也不做！"

由于我调子放得高，跟得比较紧，并且还派专人监督管理这位配班老师的课堂，即便这位老师特别温和，也没有学生敢在他的课堂上无理取闹。因为学生知道，虽然这位配班老师"好欺负"，但他背后的班主任却很严厉。由于课堂纪律没有出状况，加上这位配班老师的课讲得也不错，所以每次大型考试，我们班这门学科的成绩都排在年级前三名。连我的领导都吃惊地问："怎么他到你班后，书就会教了呢？"我笑着说："他一直都会教书，只是不会课堂管理，遇到调皮学生多的班级，班主任又没给他强有力的支持，教学效果自然显现不出来。"

（2）配班老师放任不管，一心只教清闲书。有一类配班老师要求班主任给他提供全方位的服务：课堂管理制度要给他制定出来；学生座位要给他排得十分满意；每天的作业要帮他收好；哪位学生在课堂上表现不满意，他立即就赶到办公室找班主任。类似这样的配班老师我虽没有遇到过，但我确实见过这样的配班老师。哪位班主任与他配班，都会叫苦连天。遇到这样的配班老师该怎么办呢？

我的建议就是放下身段，随时向他请教。请教时要真诚地说："我一腔热血，想要把这个班带好，想要为大家服好务，奈何我工作经验很欠缺，总是有美好的想法，却没有可行的方法，请您帮我支个招，怎么才能制定出学生接受、老师认可的课堂管理制度呢？怎么才能让学生欢天喜地地交作业呢？怎么才能让每个学生都满意自己的座位，却又不会因为彼此熟悉而相互干扰呢？怎么才能让违纪学生心甘情愿地接受惩罚呢？怎么才能打通家校共育的绿色通道呢？怎么才能让学生学得轻松又考得好呢？"

班主任真诚地向配班老师请教，让配班老师觉得自己被重视，被需要，配班老师的责任心就会被激发出来，进而参与到课堂管理中来。

我先生做班主任时就遇到过类似的配班老师，经常把他怼得无话可说。我就给他出主意：改人设，觅他途。

改个什么人设呢？把自己当作从没当过班主任的新手，不懂怎么编排座位，怎么催收作业，怎么培养班委干部，也不知道如何处理学生违纪……总之，目的是请经验丰富的配班老师指导，你教我怎么做，我就怎么做，绝对配合，高度执行。

所谓"觅他途"，就是完全借力打力，也就是借那些嘴上办法多多，却没有任何实际行动的配班老师的力。每次未待配班老师发话，就赶紧把请求的话支出来堵住他们的无理要求。

（3）配班老师真诚努力，却缺乏管理技巧，容易被家长误解。有些配班老师，教书育人都很认真，很努力，但就是管不住自己的课堂，经常被调皮捣蛋的学生气得无语，并且常常因为缺乏沟通技巧与学生家长产生误解，搞得自己非常被动。对于这类配班老师，班主任就要鼎力相助。班主任要做好以下几项工作：一是做好学生的思想工作，让学生懂得珍惜身边的好老师。二是做好家长的思想工作，让家长懂得感恩学生身边的好老师。三是寻找契机，在学生和家长面前展露配班老师的优点，提升配班老师的威信。

做班主任不易，为了全体学生的发展，很多时候不得不放下身段做很多自己不愿意做的事情，但不管怎么做，都要有明确的目标。因此，班主任要学会变通。

34. 语文老师布置的作业特别多，班主任怎么办？

@钟老师：我是一名初中数学老师，同时兼班主任。我现在有一个苦恼，我的搭班语文老师总是给学生布置特别多的作业——平时要求学生抄长长的课文，小长假布置的作业更多，比如"国庆"七天假期，她发了五张试卷，外加两篇作文。学生经常来找我诉苦。我跟年级组长反映了这个情况，他也表示无可奈何。作为班主任，我一是担心学生由于作业太多产生抵触情绪，影响到他们对语文的学习热情；二是担心语文作业占用学生过多时间，影响其他科目的学习。请问钟老师，我该怎么办呢？

班主任与作业布置过度的语文老师搭班，确实有很大的压力，毕竟班主任是班级的领导者，必须从全局出发，平衡好各科时间，助力学生全面发展。遇到这样的语文老师，班主任该怎么做才能改善语文老师过度布置作业的行为呢？

（1）大胆出头，叫停语文老师的行为。班主任是学生成长的引路人，是班级建设的带头人，是掌管班级发展大局的总舵主。因此，班主任要有大局观，以及不怕得罪人的勇气和胆量。在我的教育理念中，没有什么比学生的未来更重要，没有什么比培养学生的可持续发展能力更紧迫。为了学生更好地发展，我不怕得罪人，也不怕吃苦、受气、被排挤，我有我的信念和坚守。因此，如果我的科任老师有这样的行为，我会直言不讳地告诉他们这样做的不良后果，要求他们立即停止这样的不良行为。

案例中这位语文老师不仅布置很多的抄写作业，国庆长假还发了五张试卷，外加两篇作文。说实在话，作为一名语文教师，我坚决反对这样的行为。

我的建议是，既然年级组长无可奈何，就只有班主任出面了。班主任无须顾忌同事关系，直接将这一情况反映到教学处主任或者分管教学的校长那里去。班主任要把语文老师每一次布置的作业量进行统计，把准确的数据列出来，然后要把学生的意见进行梳理，把学生的诉求呈现出来，还要把继续这样做可能产生的后果预估出来，然后一一呈现给领导。领导最终怎么处理，那是领导的事，班主任没有办法左右，但班主任可以把上述工作做好，这就是对学生负责。

同时班主任还要给语文老师做工作，跟语文老师普及关于"作业功能"的知识。作业的功能有反馈功能和强化功能。这两个功能非常重要且必要，一个也不能少。老师给学生布置作业，首先考虑的是让学生通过写作业反馈学习情况，其次考虑的是让学生通过写作业达到强化复习的效果。

作业除了体现这两大积极功能之外，还有惩罚功能、填充功能、表现功能和安慰功能等消极功能。惩罚功能就是指学科老师要求学生反复机械地抄写简单的文字性作业，以惩罚学生没有完成作业的过失。填充功能就是指学科老师不能接受学生有多余的时间，于是就安排大量的作业去填充学生的闲余时间，让学生没有休息调整的时间。表现功能就是学科老师为了向领导或者家长表示已经安排了作业，至于学生完得成，还是完不成，跟他没有任何关系。安慰功能就是学科老师布置作业从不考虑作业质量高低，与学生所学知识是否关联，布置作业像完成一项任务一样。具备这些消极功能的作业，让学生感到苦和累，是"双减"必须要减去的负担。案例中这位语文老师在布置语文作业时，弱化了作业的反馈和强化两大积极功能，强化了惩罚、填充、表现、安慰等消极功能，违背了"双减"政策的初衷，必须立即叫停。

班主任应该从政策的角度，专业地向语文老师分析作业的功能，诚恳地向她提出建议。她如果还是置若罔闻，我行我素地给学生布置大量的作业，那么这个时候，班主任就要把学生和家长的真实想法反馈给她了。

（2）让学生自行维权。班主任经过一系列的努力，学科老师仍然不把班主任的意见放在心上，继续加大无谓的作业量。这个时候班主任就要告诉学生，权益都是自己争取的，让学生把"双减"政策的内容吃透。如果学科老师真的违反了"双减"政策，可以向学校校长反映，也可以向相关教育部门反映。

这种方法我建议不到万不得已，不要使用。我一贯的态度就是，能用"文"的方法去处理，就绝不用"武"的方法去应对。学科老师是班主任牢不可破的后备军团，能够团结一致，就决不撕破脸。

我在上文提供的方法，可以在短时间内解决问题，但终究不是长久之计。为什么这么讲呢？据我在教学第一线的经验来讲，那些喜欢用大量作业来填充学生课余时间的老师，是想让自己的学生考出好成绩，只是他们没有掌握高效的教学策略而已。因此，要想从根本上解决学科老师过度布置作业的问题，还是得想办法协助学科老师管理好课堂纪律，提高作业质量，提升学科老师在学生群体中的威信。学科老师找到了提升教学质量的好办法，就不会用大量的作业去挤占学生的课余时间了。

35. 如何家访才能达成家校共育的目的？

@钟老师：您好，期中考试后，我们班部分学生的学习状态堪忧，学习习惯和行为习惯也很差。学校领导要求班主任偕同科任老师到学生家里进行家访。我担心家长拒绝老师家访，加上我又从未家访过，不知道该说些什么。请问钟老师，我要怎么做，怎么说，才能让我的家访有效呢？

在我的教育认知系统里，始终把家访当作一次美好的旅行。这趟旅程能够让我见识到很多在我的生活里不曾见过的风景，听到我的认知系统里不曾具备的见解，领略到我的人性图式里不曾储存的人性光辉和幽暗。总之，家访可以让我看到一个更大的世界，能生出更多的悲悯之心、责任感以及使命感，为我成为更完整、更丰富、更专业的教师提供不可或缺的支架。那么，究竟要怎样家访才能达到家校共育的目的呢？

下面我以到"少侠一班"鹏鹏同学家家访为例，向读者呈现一次完整的并且非常有效的家访活动。

鹏鹏是我们班的执行班长,负责班级的硬环境建设。他性格温和大气,为人正直有担当。他的学习成绩也特别优异,自上初三以来,每次考试都稳居年级第一名。他本人的中考志愿是深圳中学,以他的实力,考上深圳中学是没有问题的。但我对他的期待不仅仅只有深圳中学,我希望他能全面发展,拥有健壮的身体和强大的内心,未来能成为一名推动行业发展的社会精英,成为为弱势群体发声的高端人才。以下是我到鹏鹏家家访的整体流程:

(1)提前向家长表达家访意愿和家访目的。家访是老师进入学生家庭进行访谈。班主任首先要了解家长和学生对于家访的意愿,不可贸然家访,更不可搞突然袭击。一定要在家访前一周向家长表达家访意愿,说明家访目的和家访形式,敲定家访时间,告知来访人数。如果家长表示欢迎,那就欣然前往;如果家长表示不方便,那就表示理解,把家访变为电话访问。

(2)拟写家访提纲。此行家访究竟要达到何种目的,班主任不仅要做到心中有方案,还要做到手中有文案。这个文案就是家访时班主任与家长交流的主要依据。那么,我去鹏鹏家里家访,我需要拟出什么样的家访提纲呢?

①鹏鹏在家里如何安排他的学习时间?

②鹏鹏在家里与家人关系怎样?

③鹏鹏对待劳动的态度怎样?

④鹏鹏承受压力的能力怎样?

⑤鹏鹏的上网时间是如何安排的？他的自制力怎样？

⑥父母对鹏鹏有什么期待？

虽说班主任在家访前拟写了家访提纲，但在具体的家访过程当中，仍需灵活变通。班主任不必按序进行你问我答，这是家访，不是采访。班主任提前拟写提纲只是为了心中有数，防止家访时东拉西扯，不着边际。

（3）进行家访。这是家访活动最为重要的环节。能不能全面了解学生，能不能把家长纳入学生的支持系统，就要看班主任如何与家长交流了。通常情况下，我在家访现场按如下流程完成我的家访任务：

①请家长聊聊他们的工作情况和生活感悟。去鹏鹏家家访时我这样说："鹏鹏的家长，我长期待在校园，信息有些闭塞，眼界难免狭窄，思想可能也有些保守，很想听听你们的工作心得，以及你们对教育的看法，还有对生活的感悟。"

我这么一说，必然会激发起家长的表达欲。家长开口说话时，我就做一个用心的倾听者。当然，我在倾听的过程中，也会不失时机地抛出话头，让家长心甘情愿地把心里话全部倒出来。

我在倾听和应对的过程中，就把家长对工作和生活的态度，以及对教育的理解，还有他们的夫妻关系、亲子关系都搞清楚了。这对我的教育工作大有裨益。

②根据家访提纲，礼貌得体地向家长了解学生的情况。我听家长讲故事的过程，就是与家长重建关系的过程。等家长把故事讲完，我与家长的关系也就升温了。此时，就是我向家长了解学生的好时机。

由于事前拟写了家访提纲,我在向家长提问时就能做到不慌不忙,有条不紊。加上之前对家长的全面了解,我说话时就能做到既得体合宜,又能遵守边界,这样大家都不尴尬。

③向家长陈述学生在学校的优良表现。我对鹏鹏的家长说:"从初一至初三,鹏鹏一直担任我们班的班长一职,不论是学习上,还是班级管理上,抑或是人际关系的建设上,鹏鹏都称得上是楷模。他性格坚毅沉稳,坚持力和耐受力都很强。他符合全面发展的要求,很有数学天赋,数学老师对他欣赏有加,语文、英语也不弱,尤其热爱写作,文笔不俗……总之,鹏鹏是一个让老师感到特别骄傲的学生。"如果来家访的还有其他学科的老师,也请其他学科老师从学习这个角度夸赞一下鹏鹏。总之,不管谁说,怎么说,说的内容一定要从多个角度呈现鹏鹏的亮点。家访不是告状,千万别搞得老师前脚一走,后脚家里就骂成一片,打成一团。这样的家访会产生消极的影响。

④向家长讲述学生的特点,提出合理的建议。我这里说的"特点",其实就是学生的缺点。我也是家长,特别能理解家长的心情。内心再强大的家长,听到老师反复说孩子的不足,内心都很煎熬,听多了,情感上对老师还会产生抵触情绪。因此,我一般会把学生的缺点转换成特点,跟家长阐明利弊,再与家长合作,帮助学生改进和提高。这样一来,学生对老师充满感激,家长对自己的孩子也会充满信心。比如,我去一个上课特别喜欢说话的学生家里家访,我就绝不会这样说:"某某上课时特别喜欢说话,不仅影响学科老师教学,还干扰同学学习,你说怎么办呢?"我通常会这么说:"某某同学聪明伶俐,表达

能力和表达欲望都很强,尤其在课堂上特别活跃,思路总是跑在老师前面。这原本是好事情,我就是担心他忙着表达自己而分散了注意力,老师讲的关键点都没听到,慢慢地,他的学习成绩就掉到后面去了。"身为家长,最不能接受的就是孩子成绩越来越差这个事实。听老师这么一说,就会引起高度重视。

⑤向家长提供一些可操作性的教育策略。家访进行到尾声时,老师想要了解的,以及家长想要获得的信息基本上都到位了。这个时候,班主任可以根据学生、家长、老师三方的需求向家长提出一些合理的建议。比如,重视孩子的睡眠时间和质量,适当控制孩子使用手机的时间,多与孩子交流学习以外的话题,关注孩子的情感世界等等。关于建议方面的内容,班主任说个大方向即可,具体的方法策略就不必细讲了。因为很多家长都自认为很懂教育,老师说多了,他们会觉得老师小看他们。如果班主任与家长的关系特别健康,对家长也很了解,可以向家长推荐一些实操性特别强的家庭教育书籍,比如涉及正面管教、青春期教育一类的书籍。推荐书籍可以放到家访结束之后,班主任花点时间把书名、作者以及出版社等信息都搜集整理出来,发给家长即可。班主任把自己的工作做到位,至于家长愿不愿花时间去改变自己,那就不是班主任可以左右的了。

(4)做好家访记录。既然有简单的家访提纲,就应该有简单的家访记录。记录的重点是什么呢?就是学生在家里的闪光点,比如孝敬父母,爱护弟妹,喜欢帮父母做家务,烧得一手好菜……总之,这些闪光点是学生在学校里无法展现,但在家里却表现得可圈可点的行为。

这些班主任要一一记录下来，在课堂上或是课间，可以不经意地夸赞学生几句。还有就是家长的诉求，比如他们希望老师找孩子谈谈心，希望老师在学习上辅导一下孩子，希望老师多表扬孩子，希望老师多培养孩子的好习惯……总之，只要是家长的正当需求，老师都要认真对待，并且付诸行动。

（5）给家访加上一个温馨的结尾。家访结束前，建议班主任做好三件事，能让家访变得更意义和有意思。其一，请家长阅读家访记录，补充遗漏的地方，并根据自己的需求向学校和老师提出一些可行的建议。班主任要向家长表态，只要是学生和家长的正当需求，学校和老师都会无条件满足。其二，邀请家长、学生一起合影，留下美好的影像记录。这个不能强求，家长乐意就照，不乐意就不照。照片若要发布，也要征求学生和家长的意见。其三，向家长表达感谢。班主任可以这样说："某某的家长，非常感谢你们在百忙之中接受我们的家访。这一次家访，让我看到了更加丰富、完整、立体的某某同学，我对他信心倍增，我相信他会越来越优秀的。我在这里也向你们表个态，学校的事情，我绝不会移交给家长，家长的事情，我一定帮忙，学生的事情就是我的事情！这次家访，耽误了你们的时间，打扰了你们的生活，给你们添了麻烦，抱歉啊。"

（6）写一篇家访叙事。家访结束之后，是不是就把这件事放一边了呢？据我了解，多数老师是这种做法，不能说这种做法就有问题，但如果能在家访结束后，沉下心来写一篇家访叙事，让家访形成教育闭环。我认为这样的家访更有价值，也更有意义。下面附上一篇到鹏鹏家家访后我写的家访叙事：

优秀学生背后都有一个强大的支持天团

11月25日，星期四晚上，微雨

　　由校长领衔，年级组长带领，班主任跟随，历史老师和英语老师陪同，我们一行人一起向鹏鹏家中走去。我们此行的主要目的不是去鼓励鹏鹏——他的内心已经强大到不需要外部力量的鼓励了，内求诸己，不假外物。我们想要去探寻他背后的家庭力量，究竟是什么样的力量可以促使这个男孩胸怀大志，并且还有极强的行动力。鹏鹏不仅是一个自尊心强的男孩，还是一个特别自律的男孩。这样的孩子，今后的人生注定是精彩的。

　　走进鹏鹏的家里，环顾四周，陈设简单而温馨。他们家里一共四口人，他是长子，下面还有一个妹妹。

　　我们在跟鹏鹏父母的交谈中，获得了几个非常重要的信息，或许能解开鹏鹏的成长之谜。

　　首先，鹏鹏的母亲是越南归侨的后人，父亲是潮汕人，相当于本地媳妇外地郎。不过，夫妻俩是自由恋爱，感情一直很稳定，关系也很亲密，因此他们的家庭氛围非常和谐。鹏鹏的母亲温柔贤淑，对孩子满满都是爱，说话温和而坚定。父亲温和豁达，对孩子既有要求，也有关爱，更多的是陪伴。妹妹对哥哥很尊敬。还有一点非常重要，那就是鹏鹏的父母自身就很积极上进，都在为自己的家庭而努力——妈妈经营一家母婴店，经济独立，人格也独立；爸爸从事养鸽行业，即便在疫情期间，他们家的经济收入也没受到太大影响。鹏鹏生活在一个情感和物质都不匮乏的家庭里，这样的家庭氛围就容易培养出高自尊的孩子。一个高自尊的孩子，对自己的评价始终是积极上进的，再加上鹏鹏还很自律，成绩一路稳中有升就不奇怪了。

其次，鹏鹏的家族很重视读书。我们学校八班的小浩就是鹏鹏的堂弟，他的成绩与鹏鹏不相上下。据说他们家族对于知识相当尊重，而且家庭之间攀比的都是教育投资。正是在这样的家族文化的熏陶下，从小到大，鹏鹏的价值观里都刻着"读书很重要，读书可以改变命运"等观点。这种观点又在家庭和学校的催化下变成了具体的行动。

再其次，我们不得不承认的是，鹏鹏的智力水平超越一般同学。他的理解力很强，数理化一听就懂，文字感受力也很强，语文一点就通，英语的语感也相当不错。正因为这样，鹏鹏的语数外三门大学科都很强，为他的总分成绩提供了稳定的保证。也就是说，鹏鹏在学习上效能感很强，所以他越学越有劲头，越学效果越明显，越学越自信，后劲特别足。

最后，我作为班主任，一直关注着鹏鹏成长。我发现他性格温和，融入性很强，对人和世界都很亲善，与班上所有同学都建立了良好的人际关系。男生服他，女生敬他，老师也很器重他。他在一个被接纳和肯定的人际氛围里如鱼得水，心境自然平和稳定，这对他的学习是极有利的。加上他还有自己的爱好，比如弹吉他，玩游戏，不论是现实，还是网络，他的社交需求都得到了满足，这样一来，他的心态就不焦虑，对未来充满了期待。

鹏鹏如此，"少侠一班"其他几个学习独具优势的孩子也是如此，他们背后都有一个强大的家庭支持天团。他们不是一个人在战斗,他们是一家人齐心协力在战斗,所以他们的爆发力都很强。

作为未成年人,不论他的内心多么强大,目标感多么强,内部支持系统的力量都是有限的。只有获得了强大的外部支持系统的力量加持,他们才会变得更好。这就给班主任,乃至学校提出了一个新课题:如何指导家长打造一套强大的外部支持系统,把孩子托举起来,让他们不断地变优秀,进而把优秀当作自己的习惯。

我这篇家访叙事,有人,有事,有分析,有思考,还有对后续工作的建议,打动了我们学校的领导和同事,被评为"家访叙事一等奖"。我还作为学校家访活动的代表在"家访总结大会"上发了言。这也为我后续的家访工作开启了能量大门,我会更加重视家访,从而更好地实现家校联合、协同育人的目标,让每个学生都能成为更好的自己。

就目前来讲,家访已经是一个很传统的教育方式了。我始终认为,在学生乐意、家长同意的情况下,班主任做好充分的准备,带着满满的诚意到学生的家中进行家访,学生会更热爱老师,家长也会更支持老师,并且更乐意承担教育孩子的责任,家校共育的教育目的也更容易达成。

第五辑 提升班主任的推动力

36. 班主任有必要利用课余时间督促学生学习其他科目吗？

@钟老师：钟老师，您好，我是一名毕业一年、教龄一年、班主任工龄一个月的新手女班主任，深知班主任就是管家婆，什么都要管。开学一个月，我遇到一个疑惑：我想抓班级的整体成绩，但我不知道是否有必要利用课余时间督促、检查学生其他科目的背诵和练习情况。我的问题也可以简单概括为：班主任有必要插手其他学科的课余检查吗？

首先，我想为这位年轻、积极、有上进心的年轻女班主任点赞。这位女老师能提出这样的问题，说明她心里愿意协助其他学科老师督促、检查学生的背诵和练习情况，但她心里有些不笃定，希望从其他渠道获得肯定。

需要注意的是，主观意愿是一回事，客观行动又是另外一回事，咱们一定要把这个事情背后的逻辑捋清楚。

班主任要插手其他科目的课余检查，需要满足三个基本条件：

（1）班主任精力旺盛，时间充足。

（2）科任老师主观上很乐意接受班主任的协助。

（3）学生对班主任任很敬重，配合度很高，愿意接受班主任的检查和督促。

我初为班主任时，未婚未育，也没有其他爱好，身体很好，精力很旺盛，时间很充裕，所以我帮其他科任老师检查学生的作业，督促学生背诵和默写，这对提高班级的整体成绩做出了不可磨灭的贡献。学生们很感激我的助力，其他科任老师也很感激我的付出，大家皆大欢喜。

后来，我结婚生子，不仅要带班，而且还要做学校的管理工作，每天忙得脚不沾地。我若不能计划好自己的时间，连自己的工作都未必能按质按量完成，哪里还有时间和精力去协助科任老师检查作业，督促学生背诵默写？还有一点，我发现有些科任老师的边界意识非常强，他们不喜欢班主任插手其教学工作，我这样做反而费力不讨好。

我作为班主任，既想把全班的成绩助推到年级前列，又不想让自己费太多精力，更不想让科任老师感到别扭，那么我该如何做呢？

我这个疑问，其实也是这位年轻的女班主任应该去解开的疑团。

首先，我在人际认知上调整了观念：自己的事情自己做！就算我的精力再旺盛，心胸再宽广，责任感再强，我都要有强烈的边界意识，不要轻易插手他人的工作，更不要好为人师去教导别人怎么做，这才是正确的职场思维。但如果对方渴望得到我的帮助，并对我的帮助心怀感恩，那我一定会义无反顾地帮助他们。

我自认为是一个非常专业且优秀的班主任，带班能力早已得到业内认可。我在学校也可以称得上德高望重，有很强的专业话语权。我身边确实有一些班主任很迷茫，不知道如何进行班级建设，也不知道如何去做学生成长的引领者。但我绝不会主动跳出来对他们指手画脚，更不会要求他们按照我的行事风格去做事。如果我学校的年轻班主任主观上很想向我学习如何当好班主任，只要他们向我开口，我必倾囊相授。

其次，我在行动上改进了方法。既然我想提升班级整体成绩，又不想插手科任老师的工作，那我就得想办法来提高学生的学习积极性和学习效率。如何才能做到"双提"以达到双赢的目的呢？

先说提高学习积极性。我的策略就是抓牢尖子生，要求这些尖子生在班上必须起到榜样示范的作用——听课要认真，作业要及时完成。必须带动中等生学习——下课要互相讲题，还要主动给学习能力一般的同学当"师傅"。必须协助我建立优良的学风——无论是言辞之间，还是行动表现，都要向其他同学呈现出一种积极向上的生命状态。

尖子生抓住了，好的学风就稳住了，接下来就要狠抓中等生。如何才能激发中等生的学习积极性呢？中等生是班级里"沉默的大多数"，他们大多不惹事，但也不爱做事，主动性比较差，执行力也不够强。这就需要班主任去释放他们的生命能量，让他们看到自己的潜力，也看到进步的希望。

通常情况下，我会安排班上的中等生来做科代表，协助科任老师收发作业，督促班里学生背诵默写。同时，我也请求科任老师重点关注和培养这些科代表，让他们产生被重视、被需要的感觉。除此之外，我还安排尖子生与中等生结对子，形成"师徒关系"。徒弟要主动向师傅请教，师傅要不遗余力地帮助徒弟进步。

至于那些成绩特别靠后的学生，就由我亲自来盯着。对于这些学生，我不是要求他们要多么努力，而是要鼓励他们千万不要放弃努力。只要他们有一丁点进步，在我这里都能得到高度的认可。我对他们从来不使用结果性评价，只采用增值性评价，就是自己和自己比，只看进步。这些学生在学业上未必会有大的进步，但他们可以成长为一个遵守规则、不给他人惹麻烦的好学生。

再说提高学习效率。我的策略就是，狠抓学生在课堂上的听课质量。课堂是学生学习的主阵地，这个阵地一旦失守，不论补多少课，刷多少题，都很难把这个阵地抢回来。要想提升学生的听课质量，就要保证学生有很强的专注力、很强的课堂规则意识，以及正确的课堂价值观。这些优秀的个人素质，需要班主任不断创设情境去培养。

我对学生在课堂上如何听课有明确的要求，并且还会进行反复的训练。我的课堂管理立场是：课堂是大家的，谁也没有资格去破坏，必须要尊重；课堂是学习的地方，任何人不可以在课堂上随意嬉闹；课堂是有规则的，每一个人都必须遵守，如若破坏规则，必受严惩。课堂管理立场摆出来后，接着就推出课堂管理规则。我的建议是课堂管理规则不可太烦琐，没必要面面俱到，要抓大放小。只要能抓住学生课堂说闲话，做闲事，看闲书，走神发呆等典型问题进行管理，就能保证课堂教学质量，提升学生的学习效率。

至于如何刻意训练学生的课堂表现？我在每节课课前都会对学生

进行课前的管理指导。比如，如何准备"课堂三有"（有书、有笔、有本子），如何端正自己的坐姿，如何集中自己的注意力，我都要进行陈述，并指点他们做到位。同时，我还要与学生通过一问一答的方式把课堂管理规则复述出来。每节课都这样去陈述与要求，这就是刻意训练。

除了要狠抓课堂管理之外，还要重视作业的强化功能和反馈功能。我觉得只要抓住了课堂和作业，帮学生确定了学习目标，不断提升他们的目标感，他们的学习效率就会提高。

一个班级如果有浓厚的学风，尖子生都在稳中有升，中等生都在不断进步，暂时靠后的学生不放弃努力。那么，即使班主任不帮学科老师检查作业和督促背诵，班级整体成绩也不会差。而且，班级内人际关系会更加和谐，师生也会更加同心同德。这样的班级想不双赢都很难。

37. 如何改变学生假学习的现状？

@钟老师：我今年带八年级，是中途接班，这个班级纪律挺好，省心，但时间一长，我才发现，基础较差的学生只是表面在学习，根本没把老师讲课的内容装进脑袋，课下也没有用心复习，所以测试成绩呈现两极分化的现象。请问钟老师，我该怎样做才能让更多的学生上课时集中注意力去"真正听课"，而不是装作在学习呢？

我所带的班级里也有像这位老师提到的"假学习"现象。那么，学生为什么要假学习呢？这里面究竟有哪些原因呢？据我观察和分析，学生假学习的原因有以下七种：

（1）有些学生本身不喜欢学习，不想在学习上下功夫，但他们又非常害怕失败，所以就会假装努力学习来安慰自己。

（2）有些学生根本学不懂，完全不知道老师在讲什么，但又不敢问老师，怕打扰老师讲课，扰乱同学学习，只能假装学习以求平安无事。

（3）有些学生根本感受不到学习的快乐，觉着学习是一件苦差事，学习对他们来讲就是折磨，但他们不想违逆家长和老师，于是就坐在教室里假装学习。他们课下根本不会主动复习，考试成绩自然不尽人意。

（4）有些学生基础和学习能力都很弱，无论怎么努力，都难达到预期。他们看不到未来的希望，认为自己无论如何努力也考不上高中，但又不甘心升学无望，于是假装学习以求心安。

（5）有些学生意志力薄弱，生性贪玩、懒惰，脑子里总是想着玩乐，对于学习这档子事根本不上心，又不想让老师看到真实的自己，于是就假装听话和学习。

（6）有些学生对学习缺乏长远、正确的认知。他们总觉得未来很遥远，眼前无利，不愿意投入时间和精力，但又找不到更好的出路，于是只得假装学习来混时间。

（7）还有一些有读写障碍的学生，为了获得老师和家长的认可，也会假装努力学习。

八年级学生两极分化日趋严重，学不懂的学生越来越多，假装学习的学生也越来越多。更何况这位老师还是个中途接班的班主任，要想在短时间内改变这种局面相当困难，但也不是一点办法都没有。具体可以从哪些方面来改变学生的假学习状态呢？

（1）改良学习方法。学习方法没有万能通用模板。每个学生的基础不一样，学习能力不一样，记忆力不一样，确实很难完全复制别人的有效方法。班主任一定要明确地告知学生："你目前的学习成绩不达标，不是你的能力不行，而是你的学习方法需要改进。我相信，只要你根据自己的学习节奏，调整好自己的学习方法，你就一定能进步。"这其实就是在训练学生的成长型思维。一个具有成长型思维的学生，是不会轻易陷入假学习的"陷阱"中的。然后，班主任就可以趁机指导学生改进学习方法，比如上课时，一定要准备"课堂三有"——有书、有笔、有本子。老师讲课时，跟着老师的节奏走，用笔在书上划要点，在本子上写重点，这样就可以确保自己听课专注，学习效率就会提升。至于作业，学生可以准备一个任务本子，把每科的作业逐条罗列出来，只要有时间就赶紧写作业，写完一门学科的作业，就用笔划去一项。还可以给自己准备一个成果夹子，把完成的作业按照顺序夹在成果夹子里，看着自己逐渐减少的作业和逐渐增多的成果，学生的心中会特别有成就感，对学习的热情也会逐渐增高。为自己准备草稿纸，有想法和疑惑时就记下来，慢慢地，很多以前迷惑不解的知识点，一下子就茅塞顿开了。

（2）激发内驱力。说实话，内驱力实在不好激发，因为每个学生内心最重视的事情是不一样的。班主任若想激发学生的内驱力，就要弄清楚学生内心深处最在意、最渴望的是什么。我教过一个女学生，成绩在班里中等偏下，如果她真努力，可以上个普通高中，假努力，就只能望高中的大门兴叹了。但我知道她内心特别渴望考进一所音乐学院，办一场属于自己的钢琴演奏会。于是我每天就用"星海音乐学院"刺激她，说我对她最大的期望就是可以亲临现场看她的钢琴演奏。这个女孩的内驱力真被我激发出来了，她从此学习确实很努力，学习成绩也不断提高。中考时，她竟然考出了三年以来最好的成绩，如愿以偿考进了她心仪的高中。她的妈妈对我说，从初一开始，她就已经接受了孩子考不上高中的事实。但当她有了奋斗目标时，不论多难，都咬牙坚持，竟然心想事成了。用学生最渴求的愿望、最想达成的目标去激励学生，学生的内驱力就容易被激发出来。

（3）提升阅读能力。现在很多学生在空闲时间喜欢看手机、玩网络游戏、看小视频等，他们根本不愿意静下心来读书。手机阅读的不良后果就是使学生阅读文字的能力越来越差。他们读不懂文章，读不懂考试题目。即使老师上课把知识点讲清楚了，他们也学懂了，但是考试的时候，由于读不懂题目，他们往往答非所问。学生找不到考不好的根本原因，只觉得学习太难了，考试太可怕了，于是假装学习，只要不被家长和老师指责就万事大吉了。鉴于此，家长和老师都要强行要求学生手捧纸质书，静心阅读。唯有这样，才能提升学生的阅读能力，才能让学生进入真正的学习状态。当学生从文字中读出了一个辽阔的世界，读出了人生的意义，就能找到读书的乐趣，体会到读书的价值，就会慢慢地从假学习变成真学习。

（4）找到自己的优点。很多学习力一般的学生，都怀疑自己一无是处，特别容易放弃。因此，班主任一定要想方设法帮助学生找到自己的优点，并且把优点放大。我曾经教过一个男生，成绩连中等都算不上，但他很有运动天赋，曾代表区、市参加过省里的田径比赛，还拿过奖。于是，我就一直用他的这个优点去激励他认真学习文化课，这样他升入高中后可以选择体育特长生这条路径考大学。这个学生在我的鼓励之下开始用功学习，尽管学习起来比较困难，但他从没有假装学习。初中毕业的时候，因为他体育成绩很突出，顺利进入了高中。2022年，他被石河子大学录取，我真的很为他高兴。这个案例足以说明，老师一定要多关注学生的优点，多肯定、多鼓励学生取得的成绩，那么学生在学习这条路上就愿意往前走。

（5）制定合理的目标。我不论做什么，都喜欢做计划和制定目标。有了目标，就有了前进的方向，有了努力的动力。因此，我也喜欢带着学生制定目标。在制定目标前，我会对学生的学习能力、学习效果以及性格进行评估，然后再制定合理的目标。什么叫合理的目标？就是通过努力基本可以达成的目标。学生的目标制定出来后，班主任要帮助学生不断地强化，不断用这个目标去刺激学生，直到这个目标达成，再制定更高的目标。在目标达成的过程中，班主任要使用增值性评价方式让学生看到自己的进步，进而激发出学生强大的内驱力。

至于班上那些学习力实在低下的学生，班主任不必在学习上过分强求他们，让他们多做事，做好事，注重品德的培养。让他们对生活有向往，对未来有憧憬，热爱劳动，亲善社会，就是为师的成功。

面对学生假学习的现状，班主任不要一概而论，也不要一棍子打死，一定要先观察学生的行为，了解学生行为背后的真正原因，然后根据学生的实际情况，给他们搭梯子、递支架，帮助他们克服学习上的困难。这才是班主任引导学生热爱学习的正确打开方式。

38. 如何通过预防来缩小学生学业成绩两极分化的差距？

@钟老师：您好！我现在带的是七年级，学生成绩整体还不错。我听说学生进入八年级后，就会进入一个疲惫期，思想懈怠，学习上没有紧张感，学习习惯时好时坏，班级总体成绩也时好时坏，班主任一旦没有抓紧，学生的成绩就会下滑，也就是会出现大家所说的"两极分化"现象。我就在想，我不能等到学生成绩到八年级出现两极分化时再来想解决办法，估计那时我也解决不了。我就是想问问您，能否提前采取一些预防措施，缩小学生成绩两极分化的差距呢？

为什么学生到了八年级学习成绩很容易出现两极分化呢？我认为主要有以下几点原因：

（1）知识难度加大，所学内容增多。部分基础薄弱、学习能力欠佳的学生学习起来倍感吃力，学着学着就掉队了。

（2）很多学生意志薄弱，选择逃避。从理想状态来讲，虽然八年级数学难度提高，又增加了物理，但大部分学生只要刻苦学习，就不会掉队。但真实的情况是，很多学生意志薄弱，不愿意吃苦，他们更愿意选择逃避，于是成绩越来越差。

（3）进入青春期，身心发育不一致产生困扰，干扰了学习。学习效果不尽如人意，学生的自信心受到打击。

（4）对异性产生好奇，甚至花了大量时间来关注两性情感，没法静下心来学习。

（5）朋辈关系复杂，花费大量的时间和精力处理关系问题，心思不在学习上。

（6）父母教育失当，亲子关系疏离，导致学生叛逆，对学习根本不上心。

（7）缺乏目标，对未来没有憧憬，更没有规划，过一天算一天，纯粹混日子。

（8）缺乏解决问题的意识和能力，遇到问题就逃避，碰到困难就绕道。

（9）严重偏科，薄弱科目削弱了学生继续学习的信心。

（10）需要记忆的内容多，难度大。语文、英语、历史、道法这些科目中需要记忆背诵的知识点多，有些学生很难记住和消化，久而久之，这些学生的成绩越来越差。

（11）阅读量太小，理解力不强。不少学生除了课本，从来不读课外书，理解文字的能力很差，不少学生连题目都读不懂，更不用说把答案准确地写在试卷上。

上述任何一种原因都可能导致学生成绩下滑，何况很多学生同时存在多种原因。当然，导致学生成绩下滑的原因有很多，并非只是上述这些原因。不管是哪种原因，只要是不利于学习的原因，学生到了八年级，成绩逐渐进入到后进行列就不奇怪了。说实话，任何一位班主任面对这种情况时，都有一种束手无策、有心无力的感觉。"冰冻三尺，非一日之寒"，学生成绩虽然是在八年级呈两极分化，但事实上早在初一，乃至小学阶段就埋下了伏笔。问题的根源在几年前就悄然滋长了，问题外化为形时，已经是几年后的事了，解决起来难度确实很大。

正如提问的老师所言，不能等到学生成绩两极分化现象已经出现，再来想办法解决，那时就算有对应策略，效果也会大打折扣。因此，应对八年级学生成绩两极分化的最好策略就是事前预设，提前干预，把预防工作做到事发之前，效果会更好一些。具体怎么预防呢？

我建议班主任从教学和教育这两个角度来进行预防。

第一，从教学角度来讲，老师要把自己定位为教练。

老师就应该做学生学习的教练，既要传授学生知识，还要训练学生的考试技能。也就是说，老师在教学上，要把知识点编织成知识网，让学生在大脑里形成一张清晰明了的知识导图。同时，也要训练学生如何把学到的知识灵活运用，准确地呈现在考试试卷上。

既然做教练，就需要有自己的立场，那就是课堂要严，设置课堂底线；作业要抓，设置作业底线。

如何严抓课堂？

（1）明确课堂管理态度，威而不怒。

班主任在表明态度时，要做到表情认真、态度真诚、语气强硬。课堂是大家的，是学习的地方，不允许任何人破坏课堂秩序。学生学不懂可以理解，但不能影响别人学习。

态度不仅要用嘴巴说出来，还要用行动做出来。班主任平时在课堂上的一言一行都要认真严谨，要有明确的要求，也要有宽严适度的惩戒，更要有独特的教学风格。

（2）制定课堂管理制度，严格落实。课堂管理制度参考如下：

①与本课堂无关的话，不说；

②与本课堂无关的事，不做；

③与本课堂无关的书，不看；

④与本课堂无关的游戏，不玩；

⑤与本课堂无关的心事，不想。

这份课堂管理制度虽然只有五句话，但只要严格落实，课堂的底线就守住了。具体怎么落实呢？

我把这份课堂管理制度打印出来，每个学生人手一份。第一遍，要求学生抄写在每一门课程教材的封二上，抄写的过程就是认同、接受的过程。第二遍，要求学生利用早读前的时间进行朗读。第三遍，要求学生利用早读前的时间进行背诵。第四遍，要求学生在本子上默写。第五遍，对学生进行提问。特别说明，违反规则是犯错，除了提醒还需要进行适当的惩罚。有些老师或许觉得奇怪，一份简单的课堂管理制度，为什么花这么多时间，搞这么多步骤呢？因为我要通过这一系列的过程把课堂管理制度内化为学生的课堂价值观。只要学生习得了正确的课堂价值观，不管他们读到哪个年级，都能好好听课，进而提升学习效率。

（3）制定课堂管理常规，反复训练。

①听见上课的铃声立即进教室；

②进到教室不奔跑，不发出嘈杂的声音；

③上课要发言，请先举手；

④上课的用品要带齐准备好"课堂三有"（有书，有笔，有本子）；

⑤桌面和课本要保持清洁，不得涂抹损坏；

⑥上课产生的所有垃圾都要放进自己准备的垃圾袋里；

⑦因事要离开课堂，必须起立报告，得到老师的允许方可离开；

⑧离开课堂，要把座椅轻轻塞进课桌下面。

课堂管理常规只有八句话，学生如若违反，不算犯错，除了提醒他们，还要让他们进行反复的训练。只有对学生的课堂管理常规进行反复刻意的训练，学生才会做到训练有素，自行遵守课堂常规。我在这里要提醒一下，少跟学生讲道理，也不要上升到道德层面，只需要拿出教练的做法，不停地进行训练，直到结果满意为止。

如何抓牢作业？

（1）态度上要牢：作业必须做，不做任何解释。学生偶有失误可以原谅，但要依这个学生的信誉度而定，这涉及态度问题。

（2）布置上要牢：作业的积极功能是强化功能和反馈功能，必须去掉那些消极的惩罚功能和填充功能。作业减负减的就是那种无意义的苦和看不到希望的累。因此，老师在布置作业时，必须根据学生的学习能力分层布置作业，不可搞"一刀切"，更不可强人所难。

（3）执行上要牢：培养管理力和执行力都很强的学习委员和科代表，还有乐于助人的小组长，天天盯紧那些做事磨蹭、拖拉的同学，会起到相当好的效果。

至于班主任和学科老师，一定要及时反馈学生的作业情况，建议采用过程性评价和增值性评价，也就是一定要看到学生的改变和进步，及时表达对学生的肯定和期待。必要时也可以采用"牛皮糖策略"。牛皮糖有什么特点？有甜味，有韧劲，还有弹性和黏性。总之，学生要是不认真写作业，班主任一定要温和而坚定地要求学生完成，并且要拿出牛皮糖般的韧性和黏性，直到把学生的"懒筋"拔出来才罢手。

除了抓严课堂和抓牢作业外，班主任还需要进行课前管理，让每节课都要有仪式感，这有助于形成良好的班风与学风。

预备铃声一响，全班学生快步进入教室各就各位。班主任也要立刻进教室，不过不要急着上课，而是要气场强大地站在讲台上，然后扫视全场，也可以用目光左三圈、右三圈进行全场扫视。

等教室里安静下来后，班主任可发出指令："清空桌面。"学生接到指令，就会将与当堂课无关的东西从桌面上收拾干净。

班主任再发出指令："准备'课堂三有'。"

一切准备就绪，班主任双手掌心朝上一抬，表示上课。值日班长大声喊起立，全体学生应声而起，班主任首先向学生问好，学生再向老师问好。师生彼此问好结束后,班主任双手掌心朝下一压,示意学生坐下。学生坐下时,要齐声喊口号。学生喊口号的目的是告诉老师,课前准备已做好,老师可以放心上课了。这样一来,上课就变得很有仪式感,学生也就会很重视这个课堂。至于喊什么口号,由班主任和学生商量,皆大欢喜就好。在我教的课上,不论是语文,还是道法,或者是班会课,口号都是一样的:"屏息凝神,洗耳恭听。"学生喊完口号,我就进入了正式上课的环节,谁都不可以扰乱这节课。

我想提醒老师们,进教室不要急着上课,而是要急着管理。

还有些老师提到,学生在课堂上出现了扰乱课堂秩序或者影响其他同学学习的情况怎么办?比如上课说闲话,老师需要怎么处理?

我的做法是,停止讲课,静静地、面带不满地盯着那个说话的学生,直到教室安静下来再继续上课。有时我也会从讲台上走下来,站在说话者的旁边,一言不发,直到这个学生安静下来。如果说话的学生距离我比较远,我很难一下子走到他的旁边,又不便指名道姓地制止,我就会朝着说话的方向大喊一声:"停!"

整个过程我不发脾气,不评价,用表情和肢体语言来表达自己的愤怒,就已经很有力量了。

再比如学生上课走神,老师需要怎么处理?我看到学生目光呆滞,表情呆板,已经可以确定这个学生走神了。但我绝不会轻易在口头上对学生的行为进行定性,而是伸出食指,朝着走神的学生往我这边一勾,再大喝一声:"回来!"走神的学生听到我的厉喝,立刻回过神来,我也不再多说,继续讲课。

课堂是教学和德育的主阵地，一旦失守，教育就全盘皆输了。因此，班主任以及学科老师都要对班级加强管理，尤其是生源比较差的班级，管理非常重要。

还有老师问，学生课堂违规以及不写作业要不要惩罚？没有惩罚的教育，就是"缺钙"的教育。学生如果三番五次违反课堂规则，有能力写的作业故意完不成，老师就可以通过罚站、留堂、罚抄、请家长协同教育等方式对学生进行惩戒，依据就是教育部印发的《中小学教育惩戒规则（试行）》。老师只要依法执教，有理有据，就底气十足，没有什么可怕的。

第二，从教育角度来说，老师要把自己定位为人师。

我这里说的人师，并非指别人的老师，而是指德行、学问等各方面都可以作为表率的老师。人师不仅要教学生如何做人，还要传授学生人生智慧。

人师最大的特点就是包容、耐心、有情怀。那么，人师在与学生相处的过程中需要怎么做呢？我在此说一说我的具体做法吧。

（1）陪伴是最长情的告白，但凡有空，我都要陪着学生去做一些事情。教育里最浪漫的事情就是，我陪着学生长大，学生陪着我变年轻。

（2）我会竭尽全力地在学生面前拔高学科老师的地位，还会拿着放大镜去找学科老师的闪光点。对学科老师当面支持，背后点赞。

（3）我还与学生一起写作业，经常向学生汇报我的完成情况，以及又额外增加了哪些学习内容。我这个做法很容易激发出学生的学习积极性。

（4）每天早晨，我都会用5~10分钟上一节微班会，班会主旨要么提升认知，要么撞击心灵，要么优化思维，要么修正性格，要么培养品格……总之就是对学生进行直抵心灵的教育。

（5）我还会将自己的人生智慧写成文章，亲自读给学生听。因为作者就在眼前，文字充满诚意，所以文中的观点很容易抵达学生的内心。

（6）我始终相信，老师对学生是影响而非教育，因此我必须努力提升自己，做学生的榜样。不论是在物质层面，还是在精神层面，我都用知识改变了我的命运，所以我要求学生好好学习就特别有底气。

（7）我有很强的容错意识，愿意用同理心与学生共情。因此，在学生那里，我是他们最值得信任的人，也是最懂他们的人。我若对他们提出要求，学生都很乐意配合。当然，也有不少学生很想配合我的要求，但他们的学习力和其他层面还没发展起来，暂时达不到我的预期，我也不会强人所难，我有足够的耐心等待他们成长。

（8）我很重视与学生建立健康的师生关系，帮助学生建立健康的生生关系。我一直都相信，一个班级，只要建立起和谐健康的人际关系，这个班级的班风就不会差。在班风优良的基础上，我再建立浓厚的学风就不是什么难事。

班主任还需要明白一个道理，无论你付出了多少心血，学生成绩两极分化这个事实都会存在。我们事前预设，提前干预，步步为营，不过是为了能把优秀学生与普通学生之间的差距缩小一些，让那些不该掉队的学生能跟着大部队往前走，仅此而已。

39. 班主任如何做好期末复习总规划？

@钟老师：期末就要临近了，我的心里也更慌张了。作为班主任，我想制订一个期末复习总规划，可我完全没有思路，总觉得一切都是乱的，脑子乱了，行为乱了，连说话都乱了。我相信很多年轻班主任到了期末都是这样的状态，特别希望得到您的指点，如何制订一个可以操作的期末复习计划呢？

一个学期进行到倒数第三周时，多数学科的新课基本结束了，老师们都在铆足劲抓知识的落实与巩固，以便学生期末考出优异的成绩，师生都能有个好心情迎接假期。大家的想法趋同，做法也就趋近。关键是，若每个老师都只扑在自己的学科上用力，那么学生就会疲于应付，到头来效果反而不尽如人意。这个时候，班主任就要站出来主持大局，进行统筹规划，根据学科特点以及学生的学力情况进行合理的部署，让期末复习起到事半功倍的效果。那么，班主任具体要怎么想，怎么做，才能把期末复习总规划做好呢？

首先，班主任要厘清自己的想法。班主任的想法就是前进的方向，想法错了，方向就反了，就会导致事倍功半，甚至无效。那么，班主任事前应该想明白哪些问题呢？

（1）想明白自己的身份，以及这个身份应该承担的责任。班主任是班集体的组织者、教育者和领导者，是学校领导者实施教育、教学工作计划的得力助手。班主任是学生健康成长道路上的领路人，并负有协调各种教育资源和力量的责任。对于这个解释，我个人认为很全面，很专业。既然班主任是班集体的领导者，那么班主任就相当于领兵打仗的统帅，必须要有大局观。既然班主任负有协调各种教育资源和力量的责任，那么班主任就要对班集体的整体推进进行统筹安排。明确了自己的身份与职责之后，班主任就要有底气和勇气去主持大局，就要对班级的期末复习做一个总规划，让每位学科老师有序有分寸地抓牢自己的学科复习，让每位学生有劲有重点地巩固好自己的学科知识。

（2）想明白自己的胜负心该摆在哪里。班主任的胜负心如果只放在自己所执教的学科上，就会与学科老师抢时间，从而产生霸课、作业加量等问题，甚至还会利用班主任的权威去逼迫学生在主观上重视自己所任教的学科。更有甚者，连班会课都拿来进行学科教学，根本不在意学生的品德教育、心理疏导、认知提升等方面。一句话，如果班主任的胜负心只在自己的"一亩三分地"，格局就显得太窄小了。缺乏大局意识的班主任带班，个人教学业绩或许会很突出，但班级整体成绩难以提高，班级的整体发展也无从谈起。大气的、具有全局观的班主任带班，胜负心一定放在学生的全面发展上。也只有具备大局意识的班主任，才具有统帅之才，才能做到眼里有人，心中有计，手中有活。

我之所以强调班主任事前扪心自问厘清想法，目的是让班主任行动时有计划，做事时有主次。班主任不仅自己要勇敢向前冲，还要带着学科老师和学生们勇敢向前冲。

其次，班主任要制订完善可行的复习总规划。制订复习总规划的目的是行事有方，心中不慌。那么，班主任需要从哪些方面来制订班级复习总规划呢？

（1）以结果为导向来制定期末考试目标。班主任可以根据自己所带班级的班风和学风，以及学生的学习能力，还有以往的考试成绩来确定本学期的期末考试成绩目标。比如我带的"少侠一班"，班风正，学风浓，除了四五个学习能力特别弱的学生难以完成学习任务外，其余学生都乐于学习，中等生成绩虽不突出，但很勤奋，尖子生成绩优异，但不骄傲自满。从"一模"和"二模"的成绩来看，除了道法这门学科的均分排在年级第二外，其余学科的均分都排在年级第一，总分年级前十名，我们班占了五个席位。根据班情和学情，我对我们班期末考试（中考）的预期目标是道法学科均分冲年级第一，其余学科稳在年级第一不下滑，年级前十名，我们班要占五个席位。就"少侠一班"目前的成绩来看，守住已有的成果就是最大的胜利。除了制定整体目标之外，班主任还要单独制定弱势学科的提升目标。这样做的目的是告诉班内所有学生，班主任对弱势学科的重视，希望每个学生都要在这门学科上加股劲赶上来，不要让老师失望。

（2）以过程为基础来进行时间分配。到了期末复习阶段，非统考科目的考试都结束了。除了体育课和心理课绝不占用外（在我的教育理念里，学生的身心健康始终排第一，不管期末复习时间多紧张，我都不占用学生的体育课和心理课。），其余学科都可以由班主任来统筹安排。具体怎么统筹安排呢？我始终坚持三个分配原则：

①稳住优势学科，少加时间。从历次考试成绩来看，一直居于年级前列的科目，就算是优势学科。这些学科只需要按课表上的时间稳扎稳打就可以了，不必额外增加时间。

②提升中等学科，多加时间。考试成绩处于年级中间上下的学科，要多划拨一些时间给相关的学科老师安排。背书和刷题，对于中等生极为重要。班主任希望学科老师多督促学生背书和刷题，那么在时间上就要有保障。

③辅导弱差学生，利用课余时间。班里那些成绩总是"吊车尾"的学生，班主任也不能忽视。虽然短时间内很难提高这些学生的成绩，但教育的本质就是不放弃任何一名学生。班主任可以把这类学生分给相关学科老师，利用课余时间对他们进行个别辅导。根据学生的学习能力，能提升多少是多少，不必强求。只要这些学生愿意学习并且不断努力，不论结果怎样，老师的付出都是值得的。

（3）以行动为核心来制订行动计划。班主任把目标制定好了，时间也分配到位了，接下来就是带着学科老师与学生一起行动了。为了提高行动力，班主任最好制订一套行动计划。

①听课。课堂是教学的主阵地，因此课堂纪律一定要得到保证。班主任和学科老师除了在上课前强调课堂纪律外，还要在课前让学生复

诵课堂管理规则，以达到强化学生课堂价值观的目的。这样学生就会配合学科老师的教学管理，提质增效就不是难事了。

②背书。说背书有些宽泛了，其实就是督促学生记忆各学科的知识点和考点。如果学科老师只是笼统地发出指令："请大家背书！"除了几个学优生知道要背什么，怎么背之外，其余学生都会一脸蒙，然后东翻翻，西看看，背了一个早上，还停留在第一页。第二天老师叫背书，课本还翻在第一页，有个别学生，背到期末考试的前一天，还在背第一页。为了提升记忆效果，班主任最好召开一次学科教师会，请学科老师把相关的背诵知识点分解成小目标，规定完成时间，用表格的形式呈现出来，安排科代表和学科小组长去落实。

③刷题。虽然我个人并不赞同题海战术，但我还是认定"刷题是质量的保证"这个实战经验。因此，学生在期末考试前最后三周的复习时间里，一定要大量刷题，用以巩固考点和提高手部的肌肉记忆，达到考出理想成绩的目的。以我的经验来说，建议学科老师在组题时，注意各种题目的占比，深难题占10%，中档题占30%，基础题占60%，创新题占10%，创新题不单独出，而是散见于各类题型中，不管命题老师出不出这类创新题，让学生长长见识很有必要。

④考试。期末考试前的复习，必须要利用考试来检测学生的复习效果，这种模拟训练也有利于学生习得从容不迫的考试心态。我一般是建议学科老师每天安排一次10分钟的基础小测，每周安排一次全套题目的大测。

⑤整理错题。不论学科老师是否要求，班主任都要向学生提出要

求：每门学科都必须准备错题本，每个学生都要把答错的或者有价值的题目整理在错题本上。学生们在考前一两天再把错题本浏览一遍，避免考试时出现"被同一块石头绊倒"的错误。

⑥课间讨论。由班主任亲自牵线搭桥，将学优生和中等生组织起来，形成学习互助联盟。要求他们在课间组团互帮互学，目的是形成浓厚的学习氛围。

⑦培优辅差。有些学优生已经掌握了课堂上学的知识，需要额外给他们增加些拓展内容，让他们的学习能力更上一层楼。有些学困生则存在不少知识漏洞，需要单独辅导，以推动他们进步。班主任要根据学生的学情安排好培优辅差的时间。下面附"少侠一班"期末复习行动计划：

行动项目	时间安排	负责人
听课	按课表执行。学科老师要强调课堂纪律，提升听课质量。	学科老师
背书	语文晨读前背道法，英语晨读前背历史。	科代表
刷题	利用晚修、放学后、课堂上等时间自行安排。	学科老师
考试	每天下午第九、十节课。	学科老师
整理错误	利用放学后的时间，以及所有周末可利用的碎片时间。	学科老师
课间讨论	上午大课间（9：20—9：50）。	科代表
培优辅差	晚自习前后。	学科老师

班主任制订了翔实的行动计划，学科老师和学生就能非常配合地按计划行动了吗？事情自然没有我们想象的那么简单。学科老师和学生的思想工作以及后勤服务没有做好，计划就会成为一纸空文。那么，接下来班主任需要做哪些工作来推进计划的实施呢？

（1）两次打气，一碗"鸡汤"。给谁打气？给学科老师和学生打气。给谁熬"鸡汤"？给全体学生熬"鸡汤"。

班主任在给学科老师打气时可以这样说："亲爱的同仁们，我们是学生的成长榜样，也是他们的成长导师，更是他们的精神支柱。在最后的这三周时间里，我们一定要关注每一位学生，提醒他们，督促他们，帮助他们，让每位学生都能够超越自己。"

打气的话具体怎么说，没有固定的模板，班主任根据自己的语言风格，真诚表达即可。也可以根据同事之间的交流习惯，随心所欲地进行沟通。目的只有一个，那就是班主任对学科老师说完这番话之后，大家的心都拧在一块，都愿意在最后的三周抓紧时间，无怨无悔地为学生助力。

班主任给学生们打气时可以这样说："亲爱的学生们，想不想有一个愉快的假期啊？想不想在家长那里获得奖赏啊？想不想在我这里得到肯定啊？想不想获得成就感啊？想不想有个优异的期末考试成绩啊？如果你想，那就跟着老师们一起奋斗三周吧！用三周的拼搏换得一个愉快的假期，千值万值啊！"

这些话很感性，也不深刻，平时我是绝对说不出口的。但是，在临近期末考试的关键时刻，讲得深刻不能感染人，端着则会让人厌烦，唯有说一些简单、感性或者感染力强的话语，才能激发学生的积极情绪。

给学生熬"鸡汤"时可以这样说："同学们，读书究竟是为了什么？如果只是为了做'人上人'，我就劝你放弃读书。作为新时代的青少年，应该更有责任和担当，更有格局和前瞻性。咱们读书，就是为了有一天没有'人上人'！就是为了让那些成绩不太好，但又勤奋努力的学生也能过上幸福的生活。就是为了让自己更聪明，思考力和辨别力更强，不轻易被别人影响。"

现在的学生，只要给他们讲道理，他们就会敏锐地察觉到老师是在给他们灌"鸡汤"，从而心生抗拒。"鸡汤"究竟要不要灌呢？平心而论，未成年的孩子心智还不够成熟，性格也不够坚韧，毅力更不能持久，班主任还是很有必要采用合适的方法给学生灌一些有营养的"鸡汤"。

（2）利用好三次班会课。班会课是班主任进行德育的主阵地，也是用来对学生进行品德教育的专属时间。有经验的班主任，一定会高度重视班会课，抓住每个有利的契机对学生进行认知提升、习惯养成、情商修养等教育。每个学期的最后三周，班主任的工作重心就是点燃学生的心灯，开启学生的能量大门，助力学生和学科老师把复习工作搞扎实，在期末考试中取得优异的成绩。班主任除了做好上述工作之外，还可以利用三次班会课在学生的精神层面进行助推，以利于学生在复习阶段一直保持积极进取的状态。

第一次班会课，全体总动员。具体内容以及上课流程如下：

①推出集体目标——有目标，有方向，才能稳住优良的学风。

②制定个人目标——把班级大目标分解成小目标，落实到每个学生身上，学生就会为自己担责。

③强化目标感——学生的目标感越强，行动力就越强。

如何强化学生的目标感呢？我有操作性很强且有实效的方法供大家参考：

要求学生将自己的目标贴在醒目的位置上，每晚念三遍，每天课间念一遍，念念不忘，必有回响。

同学之间组成学习小组，互相较劲。

建立参照系，也就是为自己寻找旗鼓相当的对手。

④表达需要——这个需要是班主任的需要，也是学生的需要。

我通常这样对我的学生说："我需要每个学生都努力，都能在自己原有的基础上有所进步。我更需要每个学生能全力以赴完成现阶段的复习，达成我们的预期目标，那么整个假期，你们很开心，我也很愉快。"

这些表达需要的话，班主任一定要多说。只要态度真诚，学生都能听得进去，并且乐意满足老师的需要。当然，老师的需要一定要与学生的需要同频共振。

⑤展望未来。这个未来不能是虚无缥缈的而是学生的假期。班主任要善于给学生描绘假期的美好。放寒假时，班主任要在春节的快乐和美食的诱惑上铆足嘴上功夫。放暑假时，班主任要在旅行、聚会、刷剧上大说特说。当然，这一切的美好与自由，都需要有一个优异的成绩作为前提。考试考得不好，就算父母不责怪，学生自己也会感到

很难受。

第二次班会课,则是一场励志会。复习一周有余,部分学生开始喊累叫困了,甚至还有学生想"摆烂"了,之前信誓旦旦地保证也不认账了,只觉着背书、刷题、考试实在太累了。

此时,班主任给他们讲道理只会遭到学生的抵触。他们会在心里默默地回怼:"你说得倒是轻巧,考试的人是我,又不是你!"

没错,考试的不是老师,所以压力也不在老师这里。老师要做的就是感同身受,为学生提供能量。

通常情况下,我会坦诚地告诉学生我所面临的压力。虽然我与学生所面临的压力不同,但我们都承受着巨大的压力,这就意味着我对他们的压力感同身受。我在面对压力时,从不抱怨,也不沮丧,更不逃避,而是投入更多的时间和精力,努力把自己手头的事情做好。

其次,我会根据学生现阶段的表现,对全班学生逐一进行点评。点评语言必须正面且富有激励意味。比如,我点评我们班的鹏鹏同学:"鹏鹏,数学老师说,你最近在数学课上有很多奇思妙想,解题方法独树一帜,把他都惊艳到了。作为语文老师,我也渴望着你在语文复习课上惊艳到我。"再比如,我点评我们班的标标同学:"标标,写作这个模块,我看你已经驾轻就熟了,作为你的道法老师,我非常渴望你能进到 A 的行列,我相信你不会让我失望的。"我的点评既描述了学生的优点,也提出了建议。我对全班所有学生近期的学习情况以及行为都逐一做了点评,这就是对学生的激励。简单讲,在师生关系健康和谐的前提下,班主任对学生的真切期待,就是对学生最大的激励。

第三次班会课，就是"按摩会"。复习到第三周，学生的身心都疲惫了。这个时候，不少学生都希望赶紧考试了，他们觉得考好考差都无所谓了。

班主任工作的意义是什么？就是在学生最需要助力时，能第一时间站在他们旁边，告诉他们："你们的苦、你们的累，老师都看见了，我不会坐视不管，我会一直陪着你们！"

班主任把话说到学生心窝里，他们内心的疲惫和烦恼就会消除大半。接下来，班主任可以给学生播放一些短视频，励志的、治愈的、搞笑的，都可以播放。班主任还可以带着学生做一些放松身体的小运动。童心未泯的班主任还可以带着学生做一些放松身心的小游戏。怎么玩不重要，重要的是让学生的身心得到放松，能搬走压在心中的"巨石"，心无旁骛地坚持到期末考试结束。

（3）优化助推策略，让学生的复习效果最大化。班上那些内心强大、性格坚韧，已经可以进行自我管理和自主学习的学生，班主任在热心旁观之余送上称赞即可。但有些学生自我管理能力很薄弱，就需要班主任特别关注他们，且要向家长借力。

①如何关注自我管理能力薄弱的学生？给自我管理能力薄弱的学生安排一位学习成绩优异，又乐于助人的"小师傅"。请这位"小师傅"利用课间、自习课时间给自己的"小徒弟"进行辅导。这种同学之间"手拉手"的学习互助活动，效果其实蛮好的。其次，班主任要经常关注和鼓励那些学习力薄弱的学生，学科老师除了要单独辅导这些学生外，还要降低对他们的期望，不可强人所难。对于班上的学困

生，成绩如果抓不起来的话，鼓励他们不放弃就是成功。

②如何向家长借力？我个人觉得，家长不给学生传递焦虑就是班主任借到的最大力了。每到期末临近，我都会召开家长会，明确告诉家长，不要拿成绩恐吓孩子。比如，家长千万不要对孩子说："你若考砸了，你就别想过好日子！"家长也不要说："你要是考不到年级前50，你就在家好好反省反省！"其次，明确要求家长在最后三周重点关注孩子的饮食、睡眠、心情。最后，提醒家长协助孩子控制玩手机的时间，如果孩子沉迷玩手机，会对学习成绩产生很大的影响。家长们只要做到这三点，就是对学生和老师最大的支持了。当然，有些家长知识储备丰富，教育能力很强，可以在学科知识上辅导孩子，那是最好不过了。

40. 如何提高学生的期末复习效率？

@钟老师：进入期末复习阶段，学生普遍精神面貌差，心态焦躁，精神低迷，复习没有计划，作业质量很差。请问钟老师，面对这种班级情况，我该怎么办呢？

按常理来讲，期末考试是每个学生的学期大事，期末成绩事关整个假期的快乐与否。因此，每个学生在考试之前积极乐观地学习才是明智之举。然而，事实上，很多学生在进入期末复习阶段，都会变得昏昏沉沉，然后选择"躺平"或"摆烂"。他们每天早出晚归，不迟到，不早退，看起来学习非常努力，实则坐在教室里"神游"。读书可以改变命运，他们记得比谁都熟，知识就是力量，他们随口就能背出来，但就是看不见他们如火如荼的学习场面，倒是与文章开头问我问题的那位老师描述的现状如出一辙。

为什么到了紧要关头，学生学习的后劲却没了，甚至于整个班级出现一派低迷、颓败的气氛呢？根据我多年带班的经验来分析，主要有下面五种原因：

（1）前期抓得太紧，学生身心疲惫。学生好不容易熬到期末，学习后劲却不足了，紧绷的身心不经意间就散架了，这一散架就直接"摆烂"了。这就是典型的过犹不及。

（2）学习力薄弱的学生产生放弃的念头。部分学生学习力薄弱，学习方法又不科学，学习效果不明显，自我效能感也很差。对他们来说，真是学什么都不懂，做什么都不会。这些学生好不容易熬到期末，对学习的"苦大仇深"已经让他们迫不及待想要逃离这种被挫败感浸泡的生活了。

（3）出现考前焦虑。有些优秀学生，对自己要求比较高，容不得自己失败，看不得别人比自己学得好，总是不断地叮嘱自己：只许胜，不许败。这类学生的胜负欲越强，越容易透支内心的力量，从而产生考前焦虑情绪。

（4）目标不切实际难以实现。有些学生给自己定的目标完全脱离实际情况，他们开始还雄心壮志地去实施，努力了一个阶段后，发现难度实在太大，于是就会放弃这个目标。目标一旦放弃，学生在后面的学习过程中就会越来越敷衍。

（5）放假前的松散氛围给学生形成了消极暗示。每当临近期末，学校就会不断地向家长和学生发各种通知，诸如完成安全作业，准备综评资料。班主任也在不断向学生释放出即将放假的信息，诸如为学生写期末评语，请学生之间相互评价，请学生为老师评教等。学生整日笼罩在放假前的气氛中，班级的学习气氛就会变得很淡薄。

由此可知，学生到了期末阶段，精神面貌差，学习效果不佳，除了自身原因之外，还有很大一部分原因来自学校和老师。班主任必须想办法打破这种局面，带着学生奋力朝前冲，直到期末考试圆满结束，才可以让学生彻底放松。那么，班主任具体该如何做呢？

（1）做好期末复习思想动员工作。新课即将结束，这就意味着学生要准备复习迎接期末考试了。这个时候，班主任要有高度的教育敏感度，要利用班会课给学生开思想动员会，具体流程可以是回顾过去，正视当下，展望未来，立即行动。

回顾过去：班主任要善用提问的方式，提高学生的"斗志"。班主任可以这样说："亲爱的同学们，咱们班在半期考试中取得了辉煌的成绩，这说明咱们班的同学有实力、能力、毅力！期末考试就要临近了，大家还想不想保持半期考试的辉煌成绩啊？"班主任在提问时要将对学生的期盼用眼神传递给学生，学生们一定会不失时机地向老师表态："想！"此情此景，即便是学习不好的学生，也会被节奏带起来跟着行动。如果期中考试考得不理想，那就要激励学生知耻而后勇，更要憋着一口气，争取在期末考试时"一雪前耻"。

正视当下：班主任要指出学生当下的学习现状，让学生认识到自己的问题。班主任可以这样说："当下是什么？当下就是疲劳了，就是想'摆烂'了，想放飞自我了。但是，我们没有资格自甘沉沦，更没有资格放弃！因为，我们生活在人才济济的时代，也是科学技术迅速发展的时代，我们只有努力学习，不断提高自己，才能跟得上时代发展的步伐。所以，从现在开始，大家要摒弃一切厌恶、低落情绪，消除一切困难，脚踏实地，稳步前进。"

展望未来：班主任要跟学生一起展望未来，这样学生学起来才更有动力。班主任可以这样说："亲爱的同学们，若想假期过得轻松，现在就要努力；若想有一个美好的未来，现在就要拼搏。"

这个思想动员会特别重要。班主任说多说少不重要，重要的是要有激情，要有鼓励性和号召性。班主任要把学生对学习的热情，对分数的渴望激发出来。在此，我想提醒各位班主任，这也是我当班主任几十年来得出的最宝贵的实践经验，那就是学生在身心俱疲的情况下，班主任要避免用一些大道理去激励他们。这些大道理离他们很远，不能解决当下的实际问题，只会引起他们的反感。

（2）组织一些放松身心的集体活动。期末考试复习的知识密度特别大，学生很容易疲劳。因此，班主任一定要精通张弛之道，看见学生学累了，给他们讲个故事，让学生放松下心情，也可以组织一两场全员参与的班级活动。我个人比较喜欢组织跳绳比赛和拔河比赛，学生参与度很高，难度比较小，学生又乐在其中，容易激发学生的好胜心。

（3）稳住班上的优秀学生。一个班级，只要优秀学生稳住了，班级学风就不会差。每到期末来临，我都会将优秀学生召集起来开"打气会"，告诉学生我对他们的期待，给他们描绘未来的美好蓝图，重申他们的目标，以强化他们的目标感。优秀学生的自我效能感比较强，只要他们不忘记自己的目标，就一定能在学习上起带头的作用。

（4）降低复习难度。在复习阶段，学生不要把时间花在深、难、怪题上，那些题还是留给学有余力的学生去解决吧。学生要将学习重点放在基础题和中档题上，把这些搞清楚，搞扎实。学生若能通过自身努力掌握目前所学知识，就会对当下的学习过程充满兴趣。

（5）适当增加一些小测试。复习期间的测试题不宜高难度、大题量，可以根据复习内容来设置，确保复习什么考什么，让学生能够劳有所得，测试时间为5～10分钟。测试完成后老师要及时给出反馈，让学生能明确地看到自己的进步。这样一来，学生就会越复习越有劲头。

（6）遏制学困生的懒散之风。到了期末，最坐不住的就是班上那些学习困难的学生。他们本着"反正我也学不懂，学也是白学"的论调，在班上氤氲出一股颓靡、放任的懒散作风。这时，班主任不妨私下警告这些学困生："老师理解你们的难处，但不支持你们放弃！难度大的知识点，学不会，可以暂时放过，但不可以在班上树立'我不学，我光荣，我不学，我轻松'的风气。"

（7）淡化期末来临的气氛，一切照旧。这个需要班主任自己拿捏好尺度。我从来不会因为期末临近，就出台什么特殊政策，让学生感觉到期末了，光明就要来了，"苦难"即将结束了。我无论是说话，还是做事，都在向学生透露一个信息：越是到最后，越要保持平常心，越要比平时做得好，不到正式宣布放假那一刻，绝不放松！

（8）要求家长对学生提出期末考试的要求。班主任要提醒家长必须根据孩子的实际情况提出明确的要求，比如总分达到多少，每门学科成绩要多少才能达标。完成任务给予孩子一定的精神和物质上的奖励，没有完成任务，也要给予一定的惩罚，但不可以在精神上打压孩子。

最后，我想要说的是，老师自身的生命状态也很重要。如果班主任及学科老师都是积极上进的人，每天进出教室都能带给学生巨大的生命能量，学生就不会蔫头耷脑、死气沉沉。